월서 스님의 주련이야기

깨달음이 있는 산사

깨달음이 있는 산사

월서 스님의 주련 이야기

월서 스님 지음

아침단청

책을 펴내며

깨달음이 담긴 산사의 주련

산문山門에 봄이 온 것 같다. 해마다 맞이하는 봄이건만 새삼 새롭게 느껴지는 것은 무슨 까닭인가? 염화실 모퉁이에 놓아둔 난초의 향이 짙고, 서실書室에는 묵향墨香이 짙게 흐른다. 가만히 차를 다리고 눈을 감으면 불가佛家의 오십 여 년의 생이 주마등처럼 흐른다.

지난 달 원로의원 한 분이 부처님이 가셨던 그 길을 갔다. 생사生死란 둘이 아닌 하나라지만 곁에 있던 도반이 떠나고 나니 새삼 쓸쓸한 것은 어쩔 수가 없는 것 같다. 죽음 또한 생인데도 불구하고 말이다.

세월은 사람을 늙게 하고 탑에 이끼를 끼게 하지만, 변하지 않는

게 있다. 그건 바로 부처님의 말씀이다. 평생 그 말씀을 새기고 살아온 선승禪僧에게 있어 그것은 곧 법法이요, 마음이다.

본디 맑고 고요한 게 '사람의 마음'이다. 그런데 무언가에 집착을 하게 되면 웅덩이의 물처럼 갇혀 결국 썩고 만다. 집착을 버리지 못하고 소유물에 사로잡히게 되면, 자신이 가진 온전한 사유조차 갇히게 되어 곧 자신의 인생은 쓸모없게 되고 만다. 결국 덧없는 인생이 되고 마는 것이다. 이를 경계하는 마음을 가르친 것이 산사의 주련이다.

> 꽃 피고 새가 울고, 물 흐르는 산사山寺!
> 전각 기둥에 새겨 가슴에 진리를 품고 살라는
> 사람과 자연에 전하는 큰스님들의 전언前言
> 그곳에는 깨달음의 한 줄 시詩인 주련이 있다.
>
> ─본문 중에서

불가에서 주련은 아주 중요한 의미를 지닌다. 주련은 사찰에서 부처님의 경전이나 큰스님들의 법문 등 가슴에 담아두어야 할 전언前言들을 새겨 기둥에 걸어두는 것으로 시詩을 연결하여 건다는 뜻에서 주련이라 부른다. 원래부터 전각의 바깥 기둥에 붙이는데 이는 방 안의 사람은 물론, 자연과 외부사람이 보고 읽고 항상 이를 바탕으로 세상을 살라는 뜻이 담겨져 있다. 그래서 선승들에게는 평생 가슴에 담고 살아야 할 부처님의 말씀이다.

주련은 무심하게 우리에게 깨달음을 안내해 주는 선문禪文인 것이다. 주련 속에 담긴 내용은 매우 깊은 뜻이 담겨져 있기 때문에 속인의 눈으로서는 감히 헤아리기가 어렵다.

주련의 내용들은 단순한 불심佛心의 시각視覺을 뛰어넘어 선문법어禪門法語의 깊은 뜻과 오묘한 진리와 운율이 담겨 있다. 어떤 때는 감히 그 깊은 뜻을 헤아리지 못할 정도로 어려우며 때로는 가슴을 울리는 듯한 웅장한 위용을 느끼게 해주는 시구詩句도 있다. 비단 내용뿐만이 아니라 용이 비상飛翔하는 듯한 초서抄書와 둥글면서 납작한 예서隷書의 휘호揮毫들은 당대當代의 서예가들도 배워야 할 필체이다. 말하자면, 종횡縱橫으로 힘차고 걸림 없이 써 내려간 글귀는 바로 불교문화의 자랑이며 유산으로 선지宣늡의 풍성하고 오묘한 운율이 담겨 있다.

산승山僧이 1950년대 출가할 때만 해도 사찰 주련들은 그다지 주목을 받지 못했다. 전쟁과 빈곤의 악순환이 일어나는 때라 불교학문에 시선을 둘 여지가 없었을 뿐더러 더구나 마음의 여유조차 없었기 때문에 사찰의 주련 관리에도 많은 허점이 산재했다. 요즘, 절에서는 주련의 글귀를 매우 귀하게 여겨 도색을 하거나 심지어 도금을 하기도 한다. 그만큼 오늘날 주련은 승가나 불자들이 반드시 공부해야 할 중요한 자료로 인식되고 있다.

어쨌든 산승이 주련의 재료材料를 가지고 꼬박 1년 동안 중앙일보와 현대불교에 연재를 한 까닭은 사심私心에 있었던 게 아니라 불자들에게 주련에 담긴 불가의 깊은 뜻을 조금이라도 알게 하기 위함이었음을 밝힌다. 그 와중에 고마움의 전화도 많이 받았다.

육십 여 회분의 원고들을 모아 보니 상당한 양이 된 것 같다. 마치 한 권의 자료집이 되는 것 같아 매우 흐뭇하다. 매주마다 돌아오는 적지 않은 양의 원고들을 메우기 위해서는 단순히 주련의 내용만으로는 어림도 없다. 그래서 괜한 사설私說과 승가의 이야기 및 사회현상에 대해서도 조금이나마 마음을 피력했다. 늙은 산승의 마음이니 부디 너그럽게 봐 주기를 바란다.

봉국사 염화실에서 꽃피는 4월
月棲

월서 스님의 주련이야기

깨달음이 있는 산사

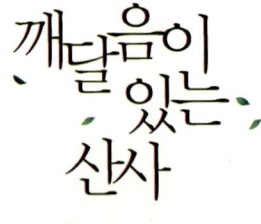

차례

책을 펴내며 | 깨달음이 담긴 산사의 주련

1	길 위에서 길을 묻다 	팔공산 동화사	• 012
2	번뇌의 근원을 뽑아라 	태화산 마곡사	• 026
3	해와 달 같은 가르침을 들어라 	가야산 해인사	• 038
4	부처님이 남기신 말씀도 '사리' 	영축산 통도사	• 060
5	"삶이란 무애이며 무정이니" 	재약산 표충사	• 070
6	한 생각 돌려 진면목을 보라 	두륜산 대흥사	• 080
7	영원한 것은 없음을 알라 	계룡산 동학사	• 092
8	몸과 마음을 청정하게 하라 	백암산 백양사	• 106
9	일체가 부처님 모습이다 	등운산 고운사	• 120
10	대자대비로 중생 건지시네 	팔공산 파계사	• 132

| 11 | 마음 그릇을 크게 하라 | • 144 |
| | 북한산 문수사 | |

| 12 | 눈앞에 있는 그대로 보라 | • 156 |
| | 마니산 정수사 | |

| 13 | 열반은 살아서 얻는 것 | • 166 |
| | 조계산 송광사 | |

| 14 | 중도·관용으로 행복하라 | • 180 |
| | 낙산사 홍련암 | |

| 15 | 남김 없는 깨달음을 얻은 이여 | • 190 |
| | 운길산 수종사 | |

| 16 | 있는 그대로 보면 된다 | • 202 |
| | 봉미산 신륵사 | |

| 17 | 망상의 문은 닫고 들어오라 | • 214 |
| | 금정산 범어사 | |

| 18 | 인과의 이치를 믿고 깨달아라 | • 226 |
| | 동악산 도림사 | |

| 19 | 대자대비에 귀의하고 행하라 | • 240 |
| | 호거산 운문사 | |

| 20 | 끝없이 정진해 '대자유'를 얻으라 | • 256 |
| | 단양 방곡사 | |

21 마음으로 전하는 오직 하나는 • 270
　　| 조계산 조계사

22 깨달음은 먹고 자는 데 있다 • 284
　　| 능가산 내소사

23 참회 없이 바른 삶도 없다 • 300
　　| 삼각산 도선사

24 부단한 정진으로 복밭 가꾸라 • 312
　　| 금오산 향천사

25 끝없는 중생교화 예가 끊임이 없네 • 324
　　| 오대산 월정사

26 바다를 보고 서 있는 구름 같은 절 • 336
　　| 진봉산 망해사

27 항상 우리 곁에 자비를 베푸시는 부처님 • 346
　　| 성륜산 용덕사

28 한국 불자들의 최대 성지 • 356
　　| 수도산 봉은사

29 한국불교 최대의 참선도량 • 368
　　| 희양산 봉암사

30 천년 거북이 연꽃을 머금은 산사 • 380
　　| 치악산 구룡사

1. 팔공산 동화사

팔공산 동화사

길 위에서 길을 묻다

어느 날 금오스님이 법문을 하고 있는데 어디선가 풍경소리가 들려왔다. 스님이 한 수좌에게 이렇게 물었다.

"지금 대체 저 소리는 어디서 나오는 소리인가?"

"네? 저 소리가 어디서 나오다니요. 큰스님."

스승의 난데없는 질문에 수좌는 그저 고개만 갸우뚱거렸다. 매일 듣는 풍경소리였기 때문이다.

"이를 의심해보아야 하느니라. 저 소리는 어디서 나와서 어디로 가는고. 의심이 공부의 시작이다."

수좌는 도무지 이해가 되지 않아 다시 여쭈었다.

"하오면, 스님 저 풍경소리는 어디서 나와서 어디로 가는 것이옵니까?"

"이놈, 네가 의심해서 네 스스로 답을 찾아라."

"하오면 큰스님."

그 순간 스님의 죽비가 수좌의 어깨를 내려쳤다.

"꿀이 병 속에 가득 들어 있다. 단 한 번도 꿀을 먹어 보지 못한 사람이 병 속에 들어 있는 것이 무엇인가 하고 물었을 때 '이것은 꿀이다' 라고 말해 준들 그가 꿀맛을 제대로 알 수 있겠는가? 꿀이라는 명칭은 귀로 들을 수 있을지 모르나 꿀이 어떤 맛인지 먹어보지 아니하고는 알 수가 없다. 도를 닦아 나감은 그와 같다."

스님의 가르침에 수좌는 그제야 고개를 끄덕이며 물었다.

"스님 확철대오廓撤大悟하기 위해서 참선만 해야 하는 까닭은 무엇이옵니까?"

"여기 한 사람이 방 안에 들어앉아 종이 위에다 금강산을 천 번 쓰고 천 번을 외웠다고 치자. 그 사람이 단 한 번도 금강산을 가본 적이 없는데 과연 금강산을 잘 안다고 할 수 있겠는가. 글자 하나만으로는 정작 금강산을 알지 못할진대, 하물며 불도佛道를 어찌 지식으로 이룰 수 있겠는가."

은사이신 금오스님께서 칠불암에서 정진하고 계실 때 대중들에게 들려준 법문이다. 출가자의 근본 목적은 '확철대오' 하여 견성성불하자는 데 있으므로 설익은 문자나 경전공부는 오히려 방해가 된다는 철학 때문에 제자들이 글공부나 경전공부를 하는 것을 매우 못마땅하게 생각했다. 깨달음이란 문자에 있는 게 아니라 오직 치열한 참선에 의해 얻어지는 것이므로 수행자는 마땅히 스스로 용맹정진 참구參究하여 도道를 이루어야 한다고 말씀하셨다. 그러므로 금오 스님이 평생 일관되게 하신 법문은 '첫째도 참선, 둘째도 참선, 셋째도 참선이며 이를 통해 자기의 주인공인 마음을 찾아서 본래 청정했던 자신의 자리를 찾아라.' 였다.

요즘, 나는 금오 스님의 50여 년 전의 법문이 새삼 떠오른다. 왜 그럴까? 불가에 몸을 담고 지극한 수행으로 일관한 소납도 이제 나이가 팔십에 가까워졌다. 마음속의 화를 지우고 마음을 비우고 살아도 모자라는 나이에 접어든 것이다. 삶이란 이렇게 끊임없는 참회懺悔의 연속이다.

동화사는 금오 스님이 불교정화운동을 하고 한동안 머물고 계셨던 곳이다. 당시 나도 동화사에 있었는데 대처승들이 몰려와 비구승들은 절에서 쫓겨날 위기에 처했으나 박정희 대통령이 이끈 군사정부의 도움을 받았던 일화가 있다.

신라 소지왕 때(493) 극달極達이 세운 유가사瑜伽寺를 흥덕왕(832)

요즘, 나는 새삼 은사이셨던 금오 스님의 50여 전의 법문이 간곡하게 떠오른다. 왜 그럴까?
불가에 몸을 담고 지극한 수행으로 일관한 소납도 이제 세수가 팔십에 가까워졌다.

때 심지왕사心地王師가 중건重建했다. 사찰 주변에 오동나무꽃이 만발하게 피어 있어 동화사라 개칭하였다. 그 후 여러 차례 중창重創을 거쳐 오늘에 이르고 있다.

경내에는 대웅전과 극락전을 비롯하여 연경전蓮經殿·천태각天台閣 등 이십여 채의 큰 전각이 있고, 당간지주幢竿支柱·비로암毘盧庵 3층 석탑과 마애불좌상磨崖佛坐像·비로암 석조비로자나불좌상石造毘盧遮那佛坐像·금당암金堂庵 3층 석탑·석조부도군石造浮屠群 등 보물 6점이 있으며 홍진국존진응탑비弘眞國尊眞應塔碑 등이 있다. 1992년에는 높이 30m나 되는 석불인 약사대불藥師大佛이 조성되었다.

마애불좌상은 보물 제243호이다. 불상머리 위에는 바위가 툭 튀어나와 있어 부처의 몸을 보호하고 있다. 머리는 나발螺髮이고 육계肉髻가 없다. 얼굴은 비만에 가까우며 짧은 목에는 형식적인 삼도三道를 나타내고, 어깨는 반듯하나 위축된 듯이 보이며, 가슴·배 등이 전체적으로 평행을 이룬다. 손은 항마촉지인을 지었고, 오른쪽 다리는 대좌 위에 그냥 올려놓은 유희좌遊戱坐를 하였다. 통견通肩의 법의法衣는 평행밀집平行密集의 옷 주름이 있고, 배에는 띠 매듭이 있다. 이는 9세기에 대두한 양식이다. 광배는 주형거신광舟形擧身光이며 두 가닥의 선으로 두광頭光과 신광身光을 구분하였고, 맨 가장자리 부분은 화염火焰무늬가 새겨져 있다. 석조비로자나 불상은 고려 중기에 불사한 것으로 보여진다. 나발螺髮을 한 머리에 상투 모양의 육계가 있고 목

불가의 문은 속세와 진계의 경계이다. 그러므로 문을 지날 때는 알음알이를 버려라.

에는 삼도三道가 있다. 얼굴은 둥글고 투실하며 눈썹은 반달모양을 하고 있고 눈은 지상 아래를 향하고 있는데 오랜 세월의 흔적 때문인지 코끝은 부서져 있으며 두 귀는 크게 늘어져 있다.

꽉 다문 입은 미소를 띠고 있어 중생을 향한 대자비심이 물씬 묻어난다. 법의法衣는 어깨를 두른 통견通肩으로 옷 무늬가 매우 형식적인데 반해 수인手印은 지권인智拳印으로 결가부좌結跏趺坐를 하고 있는 것이 특징이다. 동화사의 조사전祖師殿은 이 곳에 주석하셨던 고승들의 진영眞影을 모셔 둔 곳으로 동화사의 오랜 역사와 면모를 엿볼 수 있다.

龍吟枯木猶生喜 | 용음고목유생희 |
髑髏生光識轉幽 | 촉루생광식전유 |
磊落一聲空粉碎 | 뇌락일성공분쇄 |
月波千里放孤舟 | 월파천리방고주 |

용이 고목 속에서 우니 환희가 솟아나고
해골에서 광채가 빛나니 알음알이 깊어지네.
한 자락 벽락 같은 큰 소리는 허공을 부수고
달빛 파도치는 천리에 외로운 배 띄우네.

부처와 중생은 둘이 아닌 하나이다. 네 마음속에 든 그 부처를 찾아라.

조사전의 주련 속에 담긴 내용은 매우 깊은 뜻이 담겨져 있기 때문에 속인의 눈으로서는 감히 헤아리기가 어렵다. 주련의 이해를 돕기 위해 『벽암록碧巖錄』의 구절을 살펴보면 향엄지한香嚴智閑(?- 898) 스님의 이야기가 나온다. 스님은 당나라 때 백장百丈문하로 출가해 위산 영우靈祐스님 아래 있었는데 제대로 공부가 되지 않아 통곡을 하며 길을 떠났다. 어느 날 그는 산중에서 풀을 베고 있다가 돌을 집어 던졌는데 대나무에 맞아 부딪치는 소리를 듣고 오도를 했다. 향엄은 그 순간 "한 번 부딪치는 소리를 듣고 모든 것을 다 잊었네一擊忘所知"하고 가는 길을 멈추고 돌아와 위산의 법을 전해 받은 제자가 되었다.

어떤 스님이 향엄香嚴 스님에게 물었다.
"무엇이 도입니까?"
"고목 속에서 용이 우느니라."
"어떤 것이 도 가운데 있는 사람입니까?"
"해골 속의 눈동자니라."

도를 얻었으니 그지없이 기쁨이 솟고 촉루 속에 든 혜안慧眼이 깊어진다는 말이다. 촉루는 해골을 가리킨다. 뇌락磊落이란 도량이 넓어 작은 일에 구애받지 않는 모양을 뜻하고 고주는 외로이 떠 있는 작은 배를 뜻한다. 이와 같이 도란 아무리 깊고 넓고 광대하여도 달빛 푸른 파

도에 띄우는 한갓 작은 배와 같다는 말씀이다.

즉, 고목에서 용이 우니 참으로 도가 드러났으며 알음알이가 없을 때 비로소 눈이 밝아진다는 뜻이다.

마음속의 혼탁함을 지우고 그 마음속의 맑음조차 알지 못함이 바로 도道이다. 그러므로 알음알이 따위로는 결코 도를 터득할 수 없으며 깊은 선정禪定에 이를 때만이 도를 이룰 수가 있다. 이를 깨달을 때만이 진정 성불할 수 있다는 부처님의 경구警句이다.

일만 가지의 모든 번뇌인 기틀을 버리게 되면 부모도 부처도 좇을 필요가 없다는 뜻이다. 그러므로 수행자는 속세의 연을 버려야만 진정한 나를 구현할 수가 있다.

2. 태화산 마곡사

태화산 마곡사

번뇌의 근원을 뽑아라

얼마 전, 대법원은 식물인간이 된 할머니의 생명을 유지하게 한 인공호흡기를 제거해도 된다는 실로 파격적인 판결을 내렸다. 이 세상에서 가장 고귀한 것은 중생의 생명이다. 살아 있는 생명을 해쳐야 할 권리는 그 누구에게도 없다.

비록 작은 미물微物일지라도 함부로 생명을 해쳐서는 안 되는데도 불구하고 대법원은 아직 숨을 거두지 않은 할머니의 '존엄사尊嚴死'를 인정한 사례가 되었다. 예로부터 부모의 죽음은 하늘이 무너지고 땅이 꺼질 정도의 슬픔을 감당키 어려운 것이라 하여 '천붕지괴天崩地壞'의 아픔이라고 했다.

물론, 숨을 쉬고 있는 어머니의 마지막 생명줄인 인공호흡기를 자식이 떼어내야 하는 고통이야말로 이루 말할 수 없다. 생명의 뜻은 하늘에 있고, 스스로 가야 할 때를 아는 사람은 오직 자신만이 알 뿐이며 이것은 대법원도, 자식도 의사도 함부로 할 수 없다.

할머니는 인공호흡기를 떼어내면 한 시간 내에 숨을 거둘 것이라는 의사의 진단에도 불구하고 무려 스물 네 시간을 더 버텼으며 호흡도 점점 안정화 되었지만 할머니가 정상적으로 생명을 보존하기는 힘들다. 그러나 분명한 사실은 아직 죽지 않고 살아 있다는 데에 있다. 무려 이 년 동안 인공호흡기를 의지하지 않은 채, 자신의 힘으로 호흡을 유지하고 있다는 사실은 그저 놀라울 뿐이다. 이에 대해 일부에선, 할머니의 존엄사 허용이 너무 성급하지 않았느냐는 견해도 나왔다. 생명을 죽이면 그 과보가 얼마나 큰지 알아야 한다. 불교계는 해마다 방생을 하고 있다. 일찍이 부처님은 이렇게 말씀하셨다.

"모든 유루有漏의 선법善法 가운데 방생의 공덕보다 더 큰 것은 없다. 무릇 기타의 선법은 자기의 마음이 깨끗하지 못하면 공덕이 없으나, 방생은 그 마음이 깨끗하든 하지 않든 그 일은 모두 직접 중생에게 혜택이 미친다. 그 때문에 불가사의한 선善의 과보가 있으며, 비록 한 마리의 생명을 방생해도 그 공덕을 다 헤아릴 수 없다. 왜냐하면 방생된 중생은 참을 수 없는 죽음의 고통에서 벗어났기 때문이다. 이때 방생하면서 부처님의 명호와 다라니를 염하여 가피를 주면, 마침

내 그들 중생도 불퇴전의 과위를 얻게 된다."

작은 생명도 귀하게 여기는 불교적 관점에서 볼 때 '인간의 존엄사'는 부처님의 사상에 절대적으로 위배가 된다. 실로 부처님이 2,500여 년 전 남긴 설법이 오늘날에도 하나도 다르지 않음을 느끼게 한다.

부처님은 돌아가실 때 숙세의 업 때문에 춘다의 독버섯을 먹고 열반에 들었다. 영축산에서 8년 동안 머물러 『법화경』을 설하신 다음, 카필라성의 쿠시나가라에 도착했을 때 대장장이 춘다가 부처님 일행을 보고 독버섯이 든 공양을 올렸다. 그때 부처님은 독버섯이 든 걸

아시고는 제자들에게 못 먹게 하고 당신 혼자 드셨다. 부처님은 제자들이 그 음식을 소화시킬 능력이 없다고 스스로 판단을 하셨던 것이다. 그리하여 모든 인연의 업을 홀로 감내하셨다.

마곡사는 충남 공주시 사곡면 운암리 태화산 동쪽 산허리에 있는 아름다운 천년고찰이다. 산속에 깊이 들어선 마곡사가 세인들의 입에 오르내리게 된 것은 '춘마곡春麻谷 추갑사秋甲寺'라는 아름다운 이름 때문이다. 봄이면 산수유와 왕벚꽃 등이 피어나 선경仙境을 이룬

다는 유래에서 '춘마곡' 이름이 붙여졌으며 가을 단풍이 너무나 아름다워 '추갑사' 라는 이름이 유래되었다.

1400여 전 신라 선덕여왕 때 자장에 의해 창건, 고려 명종 때 보조국사가 중수했다. 그 후 범일, 도선 국사에 의해 재중수되었으며, 조선시대 세조가 이 절에 들려 영산전을 사액賜額했다. 창건 당시에는 보기 드물게 서른 개의 건물과 요사채가 있을 정도로 대사찰로 알려져 있었지만 잦은 전쟁과 화재로 인해 현재는 보물로서 대웅보전, 대광보전, 영산전만이 남아 있다.

중국 원나라 라마교의 영향을 받은 것으로 알려진 오층석탑은 보물로서 매우 유명하다. 이밖에 지방문화재로서 범종梵鐘, 괘불掛佛, 목패木牌가 있으며, 세조가 타던 연輦과 청동, 향로 등이 있다. 국보급 보물로서는 『감지금니묘법연화경』과 『감지은니묘법연화경』이 보관돼 있다. 마곡사의 가람배치는 매우 특이하다. 계곡이 경내 가운데를 가로지르고 있는데 그 위에 걸쳐진 극락교가 속계俗界와 진계眞界의 두 영역을 나누고 있다. 이곳은 풍광風光이 매우 아름다워 항상 사진작가가 붐빈다.

중심 건물인 대광보전은 진리를 상징하는 비로자나불을 모셨으나 불에 타 버렸던 것을 조선시대 순조 때 다시 고쳐 지은 건물로서 해탈문과 천왕문이 일직선으로 놓여 있다. 다포양식으로 밖으로 뻗쳐 나온 부채의 끝이 날카로우며 연꽃봉오리로 조각되어 있다. 규모는

산사에는 예절과 의례가 있다. 불교예절의 근본정신은 늘 부처님을 생각하고 가르침을 되새기며 행하도록 도와주는 데 있다.

앞면 5칸·옆면 3칸이며 지붕은 옆면에서 볼 때 여덟 팔八자 모양을 한 팔작지붕으로 지붕 처마를 받치기 위해 장식하여 만든 공포는 기둥 위뿐만 아니라 기둥사이에도 있다. 문살은 꽃 모양을 섞은 조각으로 장식했으며 가운데 칸 기둥 위로 용머리를 조각해 놓았는데 건물 안쪽 천장은 우물 정井자 모양으로 꾸며져 있다. 불단은 서쪽으로 마련, 불단 위에는 불상을 더욱 엄숙하게 꾸미는 닫집이 정교하게 조각되어 있고 건축법으로 볼 때 구성과 장식이 매우 독특하여 조선 후기 건축사 연구에 귀중한 자료가 되고 있다.

淨極光通達 | 정극광통달 |
寂照含虛空 | 적조함허공 |
却來觀世間 | 각래관세간 |
猶如夢中事 | 유여몽중사 |
雖見諸根動 | 수견제근동 |
要以一機抽 | 요이일기추 |

맑고 다함없는 빛 그 통달함이여
허공을 고요하게 모두 비추네.
세상을 들러 살피고 관해 보니
모두가 한갓 꿈속의 일이네.

> 비록, 만물의 근원이 모두 움직일지라도
> 요컨대, 이를 단 한 번에 뿌리 뽑아라.

대광보전의 주련은 부처님이 중생을 위해 설파한 가르침을 온전히 담고 있다. 부처님의 위대한 법은 다함없이 세상을 비추고 있는 맑고 청정한 빛처럼 항상 중생들 곁에 머물러 계시면서, 세상을 통달하여 모든 세간世間과 허공을 비추고 있다. 그러므로 부처님의 법은 언제나 중생들에게 골고루 전해지고 있기 때문에 그 공덕이 미치지 않는 곳은 없다는 경구이다. 또한 부처님은 세상일을 돌이켜 자세히 살펴보니 지나온 모든 일들은 한갓 꿈속의 일에 지나지 않으며, 돌아보는 일 또한 부질없는 것임을 일러준다. 그러므로 모든 죄의 근원이 되는 번뇌의 뿌리를 단번에 뽑아 버려야만 마음으로부터 진정한 해탈을 구할 수 있다고 강조하시고 있다. 이것이야말로 진짜 수행이다.

부처님은 일찍이 인간의 어리석음에 대해 설파한 적이 있다. 인간이 어리석은 것은 바로 재물욕財物欲·성욕性欲:色欲·음식욕飮食欲·명예욕名譽欲·수면욕睡眠欲 등 오욕락五慾樂 때문인데 이것이 곧 죄의 근원이 된다고 하셨다. 이중에서도 오늘날 가장 큰 문제가 되는 것이 재물욕이다. 이 앞에서는 그 어떤 성자도 편안해질 수가 없을 것 같다.

3. 가야산 해인사

가야산 해인사

해와 달 같은 가르침을 들어라

천 개의 눈을 가진 관음보살로도

능히 보아 투철하게 알지 못하는 것,

이는 바람을 따라 비로 변하여

앞산으로 지나가는 것과 같다.

법문을 들을 때엔 졸지 말라.

잠자는 것도 곧 법문이다.

그러나 이는 재상의 딸이 백정의 집으로

시집가는 격이 될 지도 모른다.

보월스님의 법사法師이셨던 만공 월면滿空 月面(1871~1946) 선사께서 하신 법문이다. 스님은 근대 한국 선禪의 중흥조인 경허 스님의 법제자로 스승의 선지를 충실히 계승해 선풍禪風을 일으킨 위대한 선지식이다.

스님은 일제강점기 선학원의 설립과 선승들의 경제적 자립을 위한 '선우공제회'에 지도자로 참여했으며 조선총독부가 개최한 31본사 주지회의에 참석해 조선총독 미나미에게 직접 일본의 한국불교정책을 힐책하기도 한 장본인이다. 일제치하의 치욕스러운 불교정책을 쇄신하는 계기가 되었으며, 만공 스님의 사상은 생사를 초월한 선사의 가풍이라 할 수 있는데 후에 한국불교정화운동의 사상적 근간이 되기도 했다.

위의 법문이 중생들에게 던져주는 힘은 가히 절대적이다. 상相이란 모든 물체의 현상을 뜻한다. 그 상은 있는 그대로의 모습이 아니며 이를 깨닫게 되면, 곧 부처인 여래를 보게 된다. 법문이란 원래 불립문자不立文字이다. 그래서 그 어떤 해석도 할 수 없다.

스님들이 법문을 할 때, 불자들이나 행자들은 꾸벅꾸벅 많이 존다. 물론, 잠자는 것도 법문이라 할 수 있다. 법문을 듣기 위해 아침 일찍부터 밥을 챙겨먹고, 가족들의 뒷바라지를 하고 절에 온 불자들을 생각하면 이해하지 못할 일은 아니다. 때론 가상한 마음마저 든다. 하지만, 부처님의 제자인 스님들이 법문할 때, 가급적 졸지 않기 위해 노력해야만 한다. 법문 속에는 삶의 이치와 올바른 삶의 교훈들이 가득 들어있기 때문이다. 그래서 만공 스님도 법문을 할 때 조는 것은 '재상의 딸이 백정에게 시집가는 것과 같다'는 말씀을 하신 것이다.

우리 속담에 '눈 뜨고도 코 베어간다'는 말이 있다. 하물며, 스님들이 법문하는 그 짧은 시간을 참지 못하고 꾸벅꾸벅 조는 것은 근본 마음자세에 문제가 있다. 이에 대해 만공 스님이 강조하신 재미있는 법문이 있다.

감기에 걸린 한 대중이 스님에게 물었다.

"해제인데 스님께서 설법을 하시지 않고 있사옵니다."

만공 스님이 대답했다.

"감기가 낫거든 하겠다."

대중이 다시 법문을 청했다.

"나고 죽는 일이 빠르오니 오늘 중으로 꼭 설법해 주소서."

만공 스님이 이르렀다.

"귀 먹은 놈에게 어떻게 설법을 할까 보냐."

참으로 가슴을 울리는 법문이다. 우리는 오늘과 내일의 생사生死를 알 수 없다. 그러므로 스님의 법문을 듣는 것은 곧 생사를 해탈하는 문제이다. 하지만 백번 법문을 들려준들, 눈 어둡고 귀먹은 사람은

이를 제대로 알 수 없다는 말씀이다. 그렇다. 적어도 우리는 귀먹은 놈이 돼서는 안 된다. 부처님을 뵙기 위해 절을 찾아온 사람들은 스님의 법문을 듣거나 할 때는 마음가짐을 단단히 해야 한다.

　법보종찰 해인사는 한국 화엄종의 근본도량이자 우리민족의 믿음의 총화인 팔만대장경을 모신 사찰이다. 신라 의상 대사의 법손인 순응順應, 이정利貞 두 스님이 신라 제 40대 애장왕 3년(802) 10월 16일 왕과 왕후의 도움으로 창건됐다. 창건의 참뜻은 해인海印이라는 낱말에 응집되어 있다. 해인은 『화엄경』의 '해인삼매'에서 비롯된 것으로 일심법계와 부처님 정각正覺의 세계를 가리키는 말이다.
　곧 있는 그대로의 세계, 진실된 지혜의 눈으로 바라본 세계, 객관적인 사상의 세계이며 영원한 진리의 세계를 뜻한다. 또한 오염됨이 없는 청정무구한 우리의 본디 마음을 나타내는 말이며, 우리의 마음이 명경지수의 경지에 이르러 맑고 투명하여, 서 있는 마음 그대로의 세계이며 그대로 비치는 세계를 가리키는 말이다. 이러한 모습은 한없이 깊고 넓으며 아무런 걸림 없는 바다에 비유돼 거친 파도와 같은 우리들 마음의 번뇌 망상이 비로소 멈출 때 우주의 갖가지 참된 모습이 그대로 물속에 비치는 경지가 바로 해인삼매이며 여실한 세계가 부처님의 깨달음의 모습이며 중생의 참 모습이다.
　이것이 곧 해인삼매의 가르침이다. 청정도량 해인사는 우리 불자

부처님은 어리석은 중생들을 깨달음의 길로 인도하기 위해 연꽃 같은 깊고 깊은 가르침을 두루 펴시기 위해 이 땅에 대광명을 펴 놓았다.

부처를 죽이고, 나를 죽이고 나서야 비로소 주련에 적힌 그 한 줄의 함축적인 의미를 깨달을 수가 있게 된다.

들의 마음의 고향이라 할 수 있다. 황량한 대지를 방황하고 있는 현대인들을 다정한 고향의 손짓으로 부르고 있는 곳이기도 하다. 팔만대장경, 높은 탑, 자연의 그윽함만 있는 게 아니다. 해인삼매의 한 생각, 맑은 마음 그 거룩한 도량이 있는 곳이 바로 해인사이다.

佛身普放大光明 | 불신보방대광명 |
色相無邊極淸淨 | 색상무변극청정 |
如雲充滿一切土 | 여운충만일체토 |
處處稱揚佛功德 | 처처칭양불공덕 |
光相所照咸歡喜 | 광상소조함환희 |
衆生有苦悉除滅 | 중생유고실제멸 |

부처님께서 세상에 펴 놓으신 대광명은
그 형색과 모양이 없어 지극히 청정하고
구름이 충만하게 모든 국토에 흐르고 있듯이
처처마다 부처님의 공덕을 찬탄하고 있네.
광명이 비치는 곳마다 넘쳐나는 기쁨이여!
중생의 모든 고통들은 절로 사라지고 있네.

• 대적광전 주련 •

부처님은 어리석은 중생들을 깨달음의 길로 인도하기 위해 연꽃 같은 깊은 가르침을 두루 펴시기 위해 이 땅에 대광명을 펴놓았다. 따라서 부처님의 지혜와 공덕은 온몸을 감싸고 있는 저 하늘의 태양과 같기 때문에 만약, 탐욕을 끊고 스스로 청정해지면 부처님의 한없는 공덕을 입을 수 있다는 뜻이다. 부처님의 은혜는 그 어떤 형상과 모양조차 없으며 가없이 청정하여 그 공덕을 두고 중생은 물론 이 세상을 이루고 있는 물과 산과 나무와 구름조차도 찬양하고 있다. 그만큼 부처님이 중생들을 위해 펼치신 공덕은 이루 말할 수 없이 넓고 크다는 말씀이다. 또한 부처님의 대광명이 비치는 곳에서는 중생이 가진 모든 고통이 사라지고 오직 환희만 남게 된다. 이것이 주련의 핵심내용이다.

짧은 경구 속에서는 부처님의 지혜와 공덕이 모두 들어 있다. 우리는 부처님의 대광명을 언제나 어느 곳에서나 받고 있다. 즉, 자신이 앉은 그 자리, 그 마음자리에 언제나 부처님의 광명이 해와 달처럼 비추이고 있다는 것을 알아야 한다.

인간들은 이러한 사실조차 제대로 인식하지 못하고 어리석음에 빠져 늘 헤매고 있다. 사바세계를 살아가는 우리의 마음이 극락 같아야 극락세계에 갈 수 있듯이 항상 우리의 삶을 극락 같은 삶으로 바꿔야만 한다. 중생들은 스스로 청정해질 때 그 광명 속에 살게 되며 부처님 같은 대자비심으로 항상 남을 대하고, 우리 안에 공덕과 허물이 모두 있음을 생각하고 자신을 잘 다스려야만 한다.

圓覺道場何處　　| 원각도량하처 |
現今生死卽是　　| 현금생사즉시 |

깨달음이 있는 곳은 그 어디인가?
지금 생사가 있는 이 자리이다.

• 법보전 주련 •

　　법보전의 주련이다. 불가佛家에 들어 온지도 벌써 오십 삼년이 지났지만 나에게 출가出家의 의미는 매우 깊다. 절에 있는 문門의 의미는 세속의 문과는 상대적으로 차원이 다르다. 속가俗家에 있던 사람이 출가의 길을 걸을 때 가장 먼저 통과해야 하는 게 절에 있는 일주문이다. 말하자면 절의 문은 속세와 법계法界의 경계인 것이다.
　　그럼, 절의 문은 수행자에게 어떤 의미로 다가오는 걸까? 절 문밖의 세상은 오욕락五慾樂으로 인해 번뇌가 끊임없이 끓는 곳이요, 절 안의 세상은 깨달음이 있는 곳이다. 때문에 출가자는 반드시 이 문을 통과해야만 사문沙門이 될 수 있다.
　　법보전에 걸린 주련柱聯을 읽어보면 감히 그 깨달음의 극치를 온전하게 맛볼 수가 있다. 그 어떤 깨달음도 부처님 손바닥 안이라는 말

이 있다. 이 깨달음은 열반·해탈·피안 등 수많은 언어로 바꿀 수 있으며 이 모든 것은 단 하나로 귀결되는데 그것이 바로 '부처'인 것이다. 나는 절의 문을 통과하면서 오직 부처가 되기 위해 출가를 감행했다. 그동안 나의 가사袈裟에는 수없이 많은 무서리가 내리고 눈이 내려 얼어붙었으며 춥고 배고프고 견디기 힘든 세월의 때가 온전히 묻어 있지만 나는 아직도 깨달음의 길을 묵묵히 가고 있다. 부처의 길은 단 한순간에 올 수도 있으며 아니면 영원히 오지 않을 수도 있다. 이 모든 게 오직 마음 안에 있는 것이다.

그동안 나는 부처님의 제자가 되어 그 어떤 깨달음을 얻은 것일까? 숱한 회한과 불굴의 정진을 하면서도 결국 내가 서 있는 이 곳, 이 자리가 깨달음의 자리라는 것을 알게 됐다. 이처럼 절에 걸려 있는 주련의 의미는 그 어떤 것보다 의미가 매우 깊다. 모든 조사를 죽이고, 부처를 죽이고, 자신을 죽이고 나서야 비로소 주련에 적힌 그 한 줄의 함축적인 의미를 깨달을 수가 있게 된다. 그래서 절 기둥에 적혀 있는 단 한 줄의 선구禪句는 그 절의 얼굴이며 그 법당法堂의 직언直言이라 할 수 있다.

따라서 출가자는 주련에 적혀 있는 조사 스님들의 법문을 함부로 여겨서도 안 되며 마음 깊이 각인刻印해야 한다. 불자들도 마찬가지이다. 그런데도 불구하고 수행자나 불자들은 주련에 적힌 부처나 조사의 깊은 뜻을 잘 모르는 것 같다. 마치 이것은 자식이 부모의 이름을 모르는 것과 같고 수행자가 자신이 걸어가야 할 올바른 법도法道를 찾지 못하는 것과 같다.

해인사 법보전에 적혀 있는 주련의 의미는 심히 마음 안에 큰 경종을 울리게 한다. 불가에는 피안彼岸이란 말이 있다. 즉 깨달음이다. 피안을 단순하게 말하면 '저쪽 세상' 이라는 뜻이다. 그럼 '이쪽 세상' 은 무엇일까? 생사生死가 있는 자리이다.

그런데 주련에는 깨달음이란 저쪽이 아닌 오늘 내가 서 있는 이 자리에 있다고 했다. 참으로 놀라운 말씀이다. 다분히 이 속에는 선禪의 참맛이 물씬 들어 있다고 할 수 있다. 이러한 선의 원류는 달마선이 그 모태이다. 나는 많은 불자들에게 선사상禪思想을 이야기하면서 대체적으로 달마대사와 혜가 스님에 대한 것을 많이 인용한다. 이보다 더 쉽게 불자들에게 선을 가르치기란 쉽지 않기 때문이다.

혜가 스님은 혼자 수행을 하다가 도를 깨치지 못해 어느 날 달마대사를 찾아갔다. 마침 소림굴에는 눈이 내리고 있었는데 달마대사는 혜가 스님의 인기척에 전혀 미동도 하지 않고 오직 면벽수행을 하고 있었다. 그는 달마대사의 수행이 끝나기만을 기다렸지만 눈이 쌓여 어느새 자기의 허리춤까지 차올랐으며 강추위는 그의 몸을 얼어붙게 했는데 다음 날 아침, 마침내 달마대사가 혜가 스님을 향해 고개를 돌렸다.

"자네는 누구이며, 어떻게 왔는가?"

"도를 구하러 왔습니다."

"도를 구하러 왔다고?"

"네. 달마스님에게 제가 원하는 바는 없습니다. 다만 지금 내 마음이 대단히 불안합니다. 저도 수행을 한다고 하지만 수행의 바른 길을 알지 못하며 또한 가는 길을 모릅니다."

"언제부터 있었느냐?"

"하루가 지났습니다. 그래서 눈이 제 온몸을 덮었습니다."

달마대사는 깊은 생각에 잠시 잠기다가 이내 이렇게 말을 했다.

"네가 지금 가지고 있는 불안한 마음, 초조한 마음을 가져오너라."

"그것은 형상이 없어 지금 드릴 수가 없습니다."

"지금부터 너에게 있었던 그 초조하고 불안한 마음들은 이 순간 사라졌다. 내가 지금 그것들을 없앴노라."

이때부터 혜가 스님은 자기 자신을 옭아매던 초조한 마음과 불안한 마음이 사라졌음을 스스로 느꼈다. 결국 혜가 스님의 불안하고 초조한 마음은 자신의 마음에 달려 있었던 것이다. 그는 그때부터 달마대사의 제1 제자가 됐다. 그가 이렇게 큰 고승의 제자가 됐던 것은 폭설이 내리는 추위에도 아랑곳하지 않고 오직 달마대사를 만나겠다는 신심이 있었기 때문에 가능했으며 하루아침에 큰 깨침을 이루게 됐던 것이다.

여기에서 우리가 느껴 알아야 할 것은 바로 "네가 가지고 있는 초조한 마음과 불안한 마음을 가져 오라"에 있다. 이것이 바로 선이 추구하는 마음이다. 결국 마음이란 불안한 것도 아니요. 초조한 것도 아니며, 또한 죄가 있는 것도 아니라는 사실이다. 그럼, 마음이란 무엇인가. 마음이란 분별하지 않는 깨끗함이다.

오늘 절을 찾아 가는 모든 불자들도 혜가 스님이 가진 그 마음을 들고 가라! 그러면 그 순간 모든 괴로움이 사라질 것이다. 법보전에 있는 주련의 깊은 뜻은 바로 자신의 마음속에 큰 깨달음이 있음을 말해주고 있다.

掌上明珠一顆寒　| 장상명주일과한 |
自然隨色辨來端　| 자연수색변래단 |
幾回提起親分付　| 기회제기친분부 |
闇室兒孫向外看　| 암실아손향외간 |

손바닥 위의 한 개의 영롱한 구슬
색은 자연을 따라 변함없어라
기회가 있을 때마다 이를 친절히 알려 주었건만
어리석은 중생들은 밖에서만 찾고 있다.

• 명부전 주련 •

인간의 삶은 유한有限하고 자신이 살아온 길에 따라 부침浮沈이 심하다. 그러나 자연은 천년이 지나도 그 빛깔을 결코 잃지 않는다. 자연에게 배울 수 있는 건 무수히 많지만 그 이치를 잘 모르는 게 바로 인간이다. 자연의 발성법發聲法은 무념무심無念無心이다. 진리를 그냥 밖으로만 드러내고 있을 뿐, 그저 침묵하기만 한다.

봄이 되면 잎이 피고, 여름이면 짙푸르고, 가을이면 남김없이 자신의 몸을 지우는 잎, 겨울이면 새로운 잎을 틔우기 위해 인내하는 나무, 이렇듯 자연은 진리 그 자체이며 이를 인간은 깨쳐 알아야 한다. 자연은 기회가 있을 때마다 많은 것을 어리석은 중생들에게 가르쳐 주지만 삼독三毒과 오욕락五慾樂에 젖은 인간들은 잘 모른다. 허나 자연은 세세생생世世生生 영원하다.

오늘 아침 신문에서 나는 역사에 대한 짙은 의미를 체감體感했다. 역사란 하나의 자연이라 할 수 있다. 인간은 그 장대한 역사 앞에 그냥 흘러가는 하나의 시냇물에 지나지 않는다는 점을 새삼 절감했다. 옛 백제의 고읍古邑인 익산 미륵사지석탑에서 천년 전에 만들어진 국보급의 영롱한 '사리장엄구砂利莊嚴具'가 발견된 것이다. 그동안 익산의 미륵사지석탑은 그 형체가 변변치 못해 겨우 시멘트로 덧 씌워진 채 간신히 버티고 있는 하나의 볼품없는 석탑에 지나지 않았다. 그런데 이런 석탑이 천년의 역사를 품고 있었던 게다.

늘 그렇듯이 자연이 주는 위대한 힘을 오늘 나는 목격했다. 이런 현장을 귀로 들을 수 있다는 그 자체가 하나의 행운이다. 사리금제호 표면에 새겨진 다양한 문양과 세공기법은 백제금속공예의 우수성뿐만 아니라 한국불교의 우수성을 잘 보여주고 있는데 참으로 기가 막힌 작품이라고 한다. 가히 한국 불교의 전통성이 새삼 드러난 역사의 현장이라고 할 수 있다.

미륵사지석탑은 7세기에 세워진 석탑이니 1400년이란 세월은 결코 짧은 게 아니다. 인간의 삶은 겨우 백년도 살지 못한다. 아니 죽어 그 흔적조차 남기지 못하는 게 인간의 육신이다. 하지만 사리금제호는 무려 1400년이란 장대한 세월이 흘렀는데도 그 영롱한 빛을 잃지 않고 후세에 발견된 것이다.

가히 부처님의 가피가 아니라고 할 수 없다. 가야산 명부전에 새겨진 주련柱聯 '손바닥 위의 한 개의 영롱한 구슬/ 색은 자연을 따라 변함이 없어라'의 내용과 다름이 없다. 또한 천년의 국보에 새겨진 문안文案 또한 가히 불세佛世의 내용이다.

'가만히 생각하건대, 부처님께서 세상에 나오셔서 중생들의 근기根機에 따라 감응感應하시고, 중생들의 바람에 맞추어 몸을 드러내심은 물속에 달이 비치는 것과 같다. 그래서 석가모니께서는 왕궁王宮에 태어나셔서 사라쌍수 아래에서 열반에 드시면서 8곡斛의 사리舍利를 남겨 삼천대천세계를 이익되게 하셨다. 그러니 마침내 오색五色으로 빛나는 사리舍利를 7번 요잡 오른쪽으로 돌면서 경의를 표하면서

산사에는 늘 고요가 흐른다. 바람소리 새소리 물소리 목어소리 법고소리가 어울려 고요를 빚어내는 것이다.

그 신통변화는 불가사의하다'라고 적혀 있다. 실로 가슴 뭉클한 내용이다.

이와 같이 1400년 전이나 지금이나 부처님은 이 우주법계에 충만하여 안 계신 곳이 없다. 시방十方과 상생相生을 초월해 사람은 물론, 모든 풀과 나무에 이르기까지 그 은혜를 입지 않은 게 없다. 이렇듯 자연은 모든 역사를 고스란히 가슴속에 품는다. 부처님의 법신 자체도 그 속에서 남아 흐른다. 때문에 재재처처在處處가 불찰불신佛刹佛身이오, 삼라만상이 청정법신淸淨法身이며 어느 곳 어디엔들 상적광토常寂光土가 아닐 수 없으며 무량수無量壽 무량광無量光이 아닐 수 없다는 것을 진실로 실감할 수밖에 없다.

그런데 우리 중생들은 지혜가 암둔하고 업장이 후중한 까닭에 부처님과 항상 호흡을 같이하고 동정動靜하고 있으면서도 부처님이 곁에 있는 걸 잘 모른다. 말하자면 부처님의 진체眞體를 보지 못하고 있는 것이다. 이는 그지없는 업연業緣의 소치 탓으로 참으로 안타깝기 그지없다. 이와 같이 부처님의 불신佛身은 법계에 충만하고 모든 중생들 앞에 항상 나타난다. 또한 인연법에 따라 미치지 않은 곳이 없지만 항상 부처님이 계셔야 할 보리좌菩提座를 떠나지 않고 머물러 있어 부처님은 우리의 주변에 항상 계시면서 그 본분을 다하고 있다는 걸 명심해야 한다.

우리는 이쯤에서 원효 대사의 말씀을 되돌아보아야 한다. 이 땅에 왜 부처가 있어야만 하는가? 왜 2500년 전이나 지금이나 부처님이 우리들 곁에 있어야만 하는가? 원효 선사는 부처의 존재에 대해 이렇게 말씀하셨다.

"부처는 부처의 세상에서는 결코 필요 없다. 고통 받는 중생이 있기 때문에 부처가 필요한 것이다."

참으로 가슴 깊이 새겨야 할 법언法言이 아닐 수 없다. 오늘날 우리 중생들은 고통을 받고 있다. 불국토佛國土에서는 부처가 필요하지 않다. 그래서 부처를 두고 사바세계에서는 석가모니불이요, 미륵세계에서는 미륵용화불이라고 한다. 바로 이 고통 받는 세간에 부처가 필요하다. 묘妙한 이치이다. 1400년 전에 세워진 석탑이 이를 말해 주고 있다. 우리는 지옥과 극락이 마치 딴 곳에 있는 것처럼 느끼지만 사실, 찰나 사이에 갈라진다. 자신의 마음 하나에 달려 있다. 자연은 기회가 있을 때 마다 이를 가르쳐 주었지만 어리석은 중생들은 간파하지 못하고 밖에서만 진리를 구하려 하고 있다. 참으로 우치愚癡의 소산이라 아니 할 수 없다.

꽃은 피고 물은 흐르듯이 그저 자연이 던져주는 진리에 순응하여 몸을 기대고 사는 게 부처의 삶이며, 자연이 우리들에게 던져 주는 진리이다. 이것이 천년이 지나도 변하지 않는 빛깔을 가진 영롱한 옥玉이 아니고 무엇이겠는가? 중생들은 이를 깨달아야만 한다.

4 · 영축산 통도사

영축산 통도사

부처님이 남기신 말씀도 '사리'

적멸보궁은 석가모니 부처님의 진신사리眞身舍利를 모신 전각을 가리키는데 우리나라에만 해도 다섯 군데가 있다. 원래, 적멸보궁은 석가모니 부처님이 깨달음을 얻으신 후, 중인도 마가다국 가야성의 남쪽 보리수 아래 금강좌에서 비롯된 것으로서 적멸도량회가 최초이다. 언덕 모양의 계단을 쌓고 불사리를 봉안, 부처님이 항상 그곳에서 적멸寂滅의 법法을 설했다.

불가佛家에서는 '진신사리'를 부처님과 동일체同一體로 보기 때문에 부처님 이상으로 숭배를 하고 있으며, '진신사리'가 모셔져 있는 곳에서는 따로 불상을 조성하지 않는다. 불자들은 사리에 대해 수행

자가 열반 후 남기는 구슬모양의 유골로만 대개 알고 있다. 물론 맞는 이야기일 수 있지만, 부처님이 남기신 경전도 일종의 '진신사리' 임을 알아야 한다.

부처님께서 남기신 유골遺骨의 구슬이 유有의 사리라고 한다면, 경전은 부처님께서 남기신 주옥같은 언言의 사리이다. 때문에 불자들은 부처님의 말씀인 경전을 항상 몸 가까이 두고 읽어야만 한다. 우리나라의 적멸보궁은 불교 신도들에게 기도도량과 순례지로 널리 알려져 있으며 가장 신성한 성지聖地로 각인돼 있다. 불자라면 반드시 한번은 가 보아야 할 정신적인 기도도량임은 두말 할 필요도 없다.

그중 하나인 통도사 금강계단에 있는 적멸보궁의 '진신사리'는 그 의미가 매우 깊다. 이곳의 진신사리는 신라의 자장慈藏율사가 당나라에서 돌아올 때 가져온 부처님의 정골頂骨사리로 알려져 있다. 이를 나중 각각 다섯 곳으로 나누어 보관했다. 양산 통도사通度寺, 강원도 오대산 상원사上院寺, 설악산 봉정암鳳頂庵, 태백산 정암사淨巖寺, 사자산 법흥사法興寺인데 이곳이 5대 적멸보궁이다. 통도사 금강계단에 걸려 있는 주련의 편액은 부처님의 진리사리에 대한 위대함을 일깨워주고 있다. 부처님이 쌍림에서 열반하신 후 2500여 년이 지난 지금까지도 항상 어리석은 중생들의 곁에서 머물러 제도하고 있음을 보여주고 있는 글이라 할 수 있다.

금강계단(국보 290호)은 부처님의 진짜 사리가 묻힌 곳으로 승려가 되려는 사람에게 일정한 과정을 거친 다음 계율을 내려주는 수계의식 장소이다.

나를 죽여야 비로소 부처를 만날 수 있으니... 수행자의 뒷모습은 곧 치열한 삶의 흔적을 그대로 보여준다.

示跡雙林問幾秋　| 시적쌍림문기추 |
文殊留寶待時求　| 문수유보대시구 |
全身舍利今猶在　| 전신사리금유재 |
普使群生禮不休　| 보사군생예불휴 |

묻노니, 쌍림에서 열반에 드신 지 그 몇 해인가
문수보살 보배를 모시고 때와 사람을 기다렸네.
부처님 진신 사리 오히려 지금도 있으니
많은 군생들 쉬지를 않고 예배를 하고 있네.

문수보살이 누구인가. 부처님께서 부촉하신 대승보살 가운데 한 사람이다. 문수는 묘妙의 뜻이고 사리는 '머리頭, 덕德, 길상吉祥'의 뜻이므로 지혜가 뛰어난 공덕을 가리킨다. 석가모니불의 보처로서 지혜를 관하고 있는 보살이다. 그러므로 부처님은 '진신사리'로 남아 2500여 년이 지난 오늘날에도 문수보살을 데리고 '사람과 때'를 기다려 온 것이라 할 수 있다.

선현先賢이란 말이 있다. 앞서간 지혜가 뛰어나고 고귀한 현자賢者를 가리킨다. 우리는 이 현세를 살면서 아직도 뛰어난 현자를 만나지 못하고 있고 때를 만나지 못하고 있다. 그래서 오늘도 부처님은 문수보살을 모시고 그 현자를 기다리고 있는 것이다.

'부처님 진신사리 오히려 지금도 있으니 많은 군생들 쉬지를 않고 예배를 하고 있네.'

그렇다. 부처님은 이미 열반하셨지만 지금도 우리에게 '진신사리'로 남아 우리를 돌보아 주고 있다. 이런 부처님께 우리 중생들이 어찌 예배를 하지 않을 수가 있겠는가. 석가모니 부처님이 살아 있을 때는 사실, 가람도 필요 없었으며 경전도 필요치 않았다. 부처님이 머무는 곳이 곧 가람이며 부처님이 말씀하시는 것이 곧 경전이었다. 부처님의 말씀이 곧 교敎였으며 마음이 선禪이 됐던 까닭이다. 그 후 교는 경전을 통해 법보法寶가 됐으며 선은 스님을 통해 오늘날의 승보僧寶가 됐다.

부처님은 열반을 하신 이후에 사리로 남아 불보佛寶가 되었다. 이것이 오늘날 부처님의 법인 불법승 삼보三寶이다.

일찍이 석가모니 부처님께서는 '오직 법만을 따르되 나를 상징하는 것은 아무것도 만들지 말라'고 제자들에게 유언을 남기셨다. 맹목적인 기복祈福 신앙의 대상이 될 것을 우려했기 때문이다. 후세는 이 말을 듣지 않았다. 어찌 보면 '진신사리'는 부처님의 유언에 대한 역행인지도 모른다. 하지만 결코 그렇지 않다. 우리에게 과거 부처님이 없었다면 오늘날 '참 마음'이 무엇이며, '참 존재'가 무엇이며, '참 나'가 무엇인지를 정녕 우리는 모르고 살아 왔을 것이며 마음이란 실상의 존재를 부인했을 것이다. 우리가 오늘날에도 부처님을 두고 절대적인 성인聖人으로 모시고 있는 이유도 이 때문이다.

통도사 금강계단은 부처님의 진짜 사리가 묻힌 곳이다. 예부터 우리나라의 '진신사리'는 외세의 침략으로 인해 많은 수탈을 받아왔지만 통도사는 어느 노스님이 '진신사리'를 뺏기지 않기 위해 첩첩산중의 토굴 속으로 피신을 했다는 이야기가 있다. 그만큼 통도사 금강계단은 불가에서나 국가에서나 매우 중요한 유적지로 알려져 있는데 국보 290호이다. 원래 금강계단은 승려가 되려는 사람에게 일정한 과정을 거친 다음 계율을 내려주는 수계의식 장소로 알려져 있다. 그러므로 이곳에 부처님의 진리사리가 놓여 있는 것은 그 의미가 매우 깊다.

그런고로 주련에 새겨진 그 깊고 깊은 선구禪句를 어찌 곱씹어 보지 않을 수 있겠는가?

삶이란 남을 존경함으로써 얻는 겸손에서부터 그 존재가치를 지닌다. 부처님은 이를 현세사람들에게도 가르치고 있는 것이다. 자신을 돌아보고 항상 그 마음을 낮추어 보아야만 진짜 자신의 '사리'를 볼 수 있을 지도 모른다.

5. 재약산 표충사

재약산 표충사

"삶이란 무애이며 무정이니"

깊은 밤, 불면에 잠을 뒤적일 때가 가끔 있다. 이런 날이면 문득 선문禪門을 열어 차가운 밤공기를 가슴 가득 들어 마시고 다시 잠을 청하지만 좀처럼 오지 않는다. 몸이 늙고 마음이 외려 늙어 가면 시절 없이 산승山僧에게도 외로움이 가득 밀려들어 오는 것 같다. 오십 성상星霜이란 결코 적지 않은 세월을 불가佛家에서 보냈었지만, 지난 세월들이 주마등같다. 나는 슬그머니 방모서리에 놓아든 필묵筆墨을 꺼내 정갈하게 앉아 먹을 갈기 시작한다.

산승이 서예를 해온 지도 불가의 세월과 거의 비슷하지만 아직도 온전한 글씨 한 점 만들어 내는 게 여간 힘들지 않다. 글 한 점 쓰는데도 온전히 마음을 다 잡아 쓰지 않으면 제대로 된 글이 나오지 않기 때문이다. 글은 곧 마음의 산물이다. 글이 제대로 나오지 않자 슬며시 다시 필묵을 물리고 생각에 잠긴다. 이럴 때면 속절없이 은사이셨던 금오 스님이 떠오른다. 팔십 생이 다 됐는데도 그리움이란 아직도 이렇게 짙은가 보다.

며칠 전부터 김수환 추기경의 선종善終 소식에 마음이 우울해졌던 것 같다. 종교의 벽을 넘어 보여준 그분의 위대한 힘이 느껴졌다. 그런데 웬일인지 그분의 죽음을 생각하다가 자꾸만 금오 스님의 얼굴과 겹쳐졌다. 얼마 전, 금오 스님이 남기신 한자로 된 친필 편지 다섯 통을 번안했다. 스님께서 열반하신 지 40년이 됐지만 정작 스님께서 남기신 친필 편지는 제대로 번안이 되지 않은 터였다.

초서草書로 휘갈겨 쓰신 스님의 친필 편지는 도무지 전문가가 아니고서는 제대로 번안조차하기 어려워 오래전 발간된 『금오집』에서도 그대로 원문을 떠서 실은 터였다. 스님의 힘 있는 문장과 글귀가 매우 돋보인 서한이었다. 실로 형태만 있고 그 뜻을 모르고 있었으니 제자들로서는 참으로 부끄러운 일이 아닐 수 없었다. 밤늦게까지 글귀를 잡고 헤맸지만 도무지 번안해내지 못해 결국 지인의 도움을 얻어 모두 번안했다. 자칫 잊어버리기 쉬웠던 금오 스님의 법문이 다시 되살아나는 순간이었다. 여기에 짧게 소개한다.

有恩念念報　| 유은념념보 |
報則合天道　| 보즉합천도 |
有怨念念解　| 유원념념해 |
解則無煩惱　| 해즉무번뇌 |
一身類浮雲　| 일신류부운 |
百年同過鳥　| 백년동과조 |
若以怨報怨　| 약이원보원 |
萬劫無由了　| 만겁무유료 |

은혜를 입었다면 찰나마다 갚아라.
그렇게 갚으면 천도에 부합되리라.
원한을 지었다면 찰나마다 풀어 버려라.
그렇게 풀다면 번뇌가 사라지리라.
이 한 몸은 뜬 구름과 같나니
한 평생토록 날아가는 새와 한 가지더라.
만일 원한으로 원한을 갚는다면
만겁토록 악연이 끝나지 않으리라.

참으로 금오 스님다운 경책警策이 아닐 수 없었다. 어쩌면 이 한 몸도 뜬 구름과 같고 하늘을 나는 새와 다를 바가 없다. 이렇게 인생이란 덧없는데 어찌 원한을 반복하고 있는가. 실로 스님의 법력法力에 대해 놀랄 따름이다.

洗鉢香泉覆菊流　| 세발향천복국류 |
題詩片石侵雲在　| 제시편석침운재 |
半塢白雲耕不盡　| 반오백운경부진 |
一潭明月釣無痕　| 일담명월조무흔 |

맑은 샘물에 바루를 씻으니 국화꽃 흘러가고
돌 위에 시를 쓰니 구름이 덮여 오네
반 이랑의 흰 구름 갈아도 끝이 없고
연못 속의 달그림자 흔적이 없다.

• 죽림정사 주련 •

표충사 죽림정사 편액의 주련 역시, 인생의 덧없음을 노래하고 있다. 표충사는 여러 차례 이름이 바뀌었다. 신라 무열왕 원년(654) 봄에 원효대사가 지금의 극락암 자리에 작은 암자를 짓고 수도하던 중, 어느 날 아침 재약산 기슭을 바라보니 대밭 속에서 오색의 상서로운 구름이 떠올랐다.

원효는 곧바로 하산해 그 자리에 절을 세우고 이 절의 이름을 죽림

이 한 몸도 뜬 구름과 같고 하늘을 나는 새와 다를 바가 없다. 이렇게 인생이란 덧없는데 어찌 원한을 반복하고 있는가.

사라고 했다. 지금도 그 흔적이 절 뒤 대밭 속에 남아 있다. 이후 흥덕왕 4년(829)에는 왕의 셋째 왕자가 풍병으로 고생할 때 이곳의 신비스런 우물을 마시고 병이 나았으므로 절 이름을 영정사로 고쳤다고 한다.

조선 선조25년(1592) 임진왜란으로 불타버린 것을 선조33년(1600)에 혜징 화상이 중건했다. 지금의 표충사란 명칭은 헌종5년(1839)에 사명대사의 8세 법손인 천유선사가 임진왜란 때 구국을 위해 헌신한 사명·청허·기허 대사 등을 기리기 위해 밀양군 무안면 표충사 사당에 있던 삼대 선사의 진영과 위패를 옮겨와 모시면서 고쳐 부르게 됐다. 이 절의 독특한 유래와 연혁만큼이나 이곳에는 국보와 보물 및 다양한 지방문화재들이 소장돼 있는데 죽림정사는 그 중의 하나이다.

한밤중에 붓을 들고 글을 쓸 때면 한없이 마음이 정갈해지고 고요해진다. 글은 곧 사람의 마음이며 형태이다. 벼루에 한 방울 맑은 샘물을 묻히고 먹을 가는 것 또한 선적禪的 명상이다. 잘 쓴 글씨에는 마치 국화 꽃향기 같은 아름다움이 배여 흘러나온다. 이처럼 글은 반드시 종이 위에만 쓰는 게 아니라 돌과 나무, 형체가 없는 마음에도 써진다. '먹을 갈고 돌 위에 글을 쓰면/ 하늘에 구름이 덮여 오듯' 그렇게 마음은 절대 고요 속으로 들어서게 되는 것이다. 세상의 이치를 깨닫게 하는 명상과 다름없다.

불가에서 흰 구름은 덧없음의 상징이다. 그런 덧없는 인생의 밭인 흰 구름을 아무리 갈아도 이 세상은 끝이 없이 그저 흘러갈 뿐이며 구름 속에 덮인 달그림자는 연못에 비추일 리가 없다. 이렇듯 삶이란 무애 无涯이며 무정無情이 아니겠는가. 참으로 주련 속에 담긴 그 무상의 이치를 아니 느낄 수 없다.

　본디 맑고 고요한 게 '사람의 마음'이다. 이 속에는 그 어떤 욕망도 들어 있지 않다. 하지만 이 세상 속에서 살면서 이 마음이 다른 무엇과 무수하게 타협을 하게 될 때 어떤 집착의 경계를 낳게 된다. 이로 인해 사람은 무언가에 집착하게 되고 안주하게 되어 웅덩이의 물처럼 갇혀 결국 썩게 되고 또한 소유물에 사로잡히게 되면, 자신이 가진 온전한 사유조차 갇히게 되어 곧 자신의 인생은 쓸모없게 되고 만다. 결국 덧없는 인생이 되고 마는 것이다. 이를 경계하는 마음을 가르친 것이 바로 표충사 죽림정사의 주련이다.

6 · 두륜산 대흥사

두륜산 대흥사

한 생각 돌려 진면목을 보라

KBS '일요스페셜'에 백담사 무금선원 스님들의 무문관無門關 수행에 대한 이야기가 소개됐다. 금기시 되어왔던 스님들의 수행처가 이례적으로 일반인들에게 소개된 것이다. 스님들의 수행현장과 치열한 구도의 이야기를 그것도 시청률이 가장 높은 일요일 저녁에 방영한 것은 파격적인 선례라고 할 수 있다. 이를 두고 승가에서는 어떻게 생각하고 있을지 의문스럽다. 그래서 그런지 마음이 씁쓰레하다. 수행의 본분은 오직 자신의 마음을 닦기 위한 과정인데 이를 다른 이들에게 노출한다는 건 아무래도 불가의 뜻에 어긋나기 때문이다.

'참다운 마음'이란 '번뇌와 망념이 없는 청정한 마음'이라 할 수 있는데 곧 깨달음이다.

생사는 둘이 아닌 하나이다. 부도는 열반하신 수행자의 참모습이다.

무문관이란 일정한 기한을 정해 문을 닫아걸고 수행하는 선방을 말하는데, 불자들과 일반인들에게 전혀 알려지지 않은 수행처이다. TV에서는 3개월에 걸친 스님들의 동안거를 코디로 잡고 마지막 안거를 끝낸 시점에서 문에 잠긴 열쇠를 풀어주는 것으로 마지막을 장식했다.

  여기에서 우리들이 주시해야 할 것은 방문을 걸어 잠근 열쇠에 있다. 무문관이란 엄밀하게 말하면 〈문門 없는 문門〉이다. 그런데 왜 문 없는 문에 열쇠를 잠그는 것일까? 스님들이 수행 중 견딜 수 없는 고

무문관 문 없는 문을 뜻한다. 불가의 수행은 철저한 통제와 근기(根基)를 가져야만 할 수 있음을 강조하기 위한 것이다.

통을 이겨낼 수 없어 혹시 문을 박차고 나오는 것을 방지하기 위해 일종의 강압적인 통제를 위해 열쇠고리를 만든 것은 아닐까하고 일반인들은 생각할 수도 있을 것이다. 하지만 하나의 통과의식으로 그만큼 불가의 수행은 철저한 통제와 근기根基를 가져야만 할 수 있음을 강조하기 위한 것이다.

일반적으로 스님들이 무문관 수행을 하면서 만나고 접할 수 있는 건 오직 사방이 막혀 있는 벽뿐이다. 이를 두고 벽관壁觀이라고 하는데 '참다운 마음을 관하는 것'이라고 해석하기도 한다. 그럼, '참다운 마음'이란 어떤 마음일까? 바로 '번뇌와 망념이 없는 청정한 마음'이라 할 수 있는데 곧 깨달음이다. 그러므로 무문관 수행은 '먼지와 티끌 없이 마음을 비우고 오직 깨달음'을 구하기 위해 자신의 몸을 철저하게 가두어야 하지만 정신은 반드시 자유자재해야 한다.

일요스페셜은 '불교의 세계'를 일반인들에게 보다 차원 높게 보여줬다는 점에서는 환영하지만, 무문관 수행의 본질적인 의미와는 거리가 멀어 자칫 스님들의 수행에 방해가 될 수도 있다. 요즘 남국선원, 무금선원, 조계암, 무일선원 등의 무문관이 생긴 것도 좋은 일이라 할 수 있다.

대흥사는 한국불교를 이야기함에 있어 결코 빼 놓을 수 없는 천년 고찰이다. 해남 두륜산頭輪山의 빼어난 절경을 배경으로 자리한 이곳은 한국불교사 전체에서 대단히 중요한 위상을 차지하고 있는 도량으로서 임진왜란 이후 서산西山 대사의 의발衣鉢이 전해지면서 조선불교의 중심 도량이 됐고, 오늘날 한국불교의 종갓집도량으로 불리고 있다.

풍담風潭 스님으로부터 초의草衣 스님에 이르기까지 13대종사大宗師와 만화萬化 스님으로부터 범해梵海 스님에 이르기까지 13대강사大講師가 이곳에서 배출됐다. 당시 암울했던 조선시대의 불교 상황을 감안한다면, 이들의 존재는 한국불교를 오늘에까지 있게 한 원동력이라 할 수 있다. 말하자면 한국불교의 위대한 성지로서 조선중기 이후 수많은 선승禪僧과 교학승敎學僧을 배출하면서 한국불교의 중심도량으로 성장한 곳이기도 하다. 무문관은 수행의 핵심처이다. 대흥사 경내와 산내 암자에는 중요한 국보급 문화재가 상당수 존재한다. 북미륵암 마애여래좌상(국보 제308호), 탑산사 동종(보물 제88호), 북미륵암 삼층석탑(보물 제301호)과 더불어 천불전은 전남유형문화재로 알려져 있다. 한국불교의 가장 대표적인 호국도량의 위상을 간직하고 있는 이곳은 지금도 성불成佛과 중생구제의 서원을 간직한 스님들의 정진이 끊이지 않는 청정수행도량이다.

世尊坐道場	세존좌도량
淸淨大光明	청정대광명
比如千日出	비여천일출
照耀大千界	조요대천계

부처님께서는 도량에 앉아 계시면서

청정한 대광명을 발하고 있다.

비교건대, 마치 천개의 해가 뜨는 것 같이

대천 세계를 밝게 비추고 있다.

• 천불전 주련 •

부처님의 존재의 거룩함을 보여 주는 주련의 내용이다. 부처님은 시방 삼천대천세계에 존재하고 계시면서 항상 청정한 대광명을 빛내고 있다. 이것은 마치 천개의 해가 떠서 대천세계를 밝게 비추고 있는 것과 같다. 참으로 가슴 깊이 새겨야 할 금언金言이라 하겠다.

'중생이 본래 부처' 라는 말이 있다. 이는 물과 얼음의 관계와 같다. 물을 떠난 얼음이 없고 얼음을 떠난 물이 없듯이 중생에게서 부처를 구해야지 다른 데서 부처를 찾아봐야 소용없다는 뜻이다.

이와 같이 우리가 사는 이 세상 속에서는 항상 부처님이 존재하고 계신다. 다만 이를 알지 못하고 있을 뿐이다. 즉, 자신이 부처임을 자각하고 부처로 살면 부처이고 중생인 줄 알고 중생으로 살면 영원히 중생에서 벗어나지 못한다. 중요한 건, 한 생각 바꾸어 부처님이 전해주고자 하는 그 마음을 바로 전해 받아야 한다는 데에 있다. 천불전의 주련이 우리에게 들려주는 경구警句이다.

오늘날 사람들은 자신이 매우 똑똑하다고 믿고 있다. 돌이켜 보면 한갓 지식껍데기에 집착하고 있는 것이다. 자신이 부처임을 모르는, 존재의 실상을 망각하고 있다. 이를 깨치기 위해 수행하는 곳이 무문관이라 할 수 있는데 '부처와 내가 둘이 아닌 하나'이며, 들판에 피어 있는 풀꽃과 나무가 둘이 아닌 하나이며 저 하늘의 별과 달이 둘이 아닌 하나임을 깨치는 곳이다. 그래야만 우리는 진정으로 삼천대천세계에 있는 부처님을 바로 볼 수 있고 만날 수가 있다.

이를 진실로 깨달았을 때 마치 '천 개의 해와 천 개의 달이 비추는 것 같은 부처님의 대지혜의 광명'을 우리는 받을 수가 있게 된다. 그러기 위해서 반드시 필요한 것이 '청정하고 참다운 마음'을 찾기 위한 치열한 수행이다. 그러므로 중생이 떠난 곳에서 부처를 구하는 것은 불가능하며 지금 있는 그 자리에서 성불의 기회로 잡아야 한다.

속세의 때를 씻는 곳은 목욕탕이요 절은 마음의 때를 씻는 곳이다. 번뇌와 욕망의 때를 벗기 위해서는 열심히 기도하라.

7 · 계룡산 동학사

계룡산 동학사

영원한 것은 없음을 알라

봄날 산창山窓을 열면, 코끝을 적셔주는 깊디깊은 꽃향기에 그만 눈을 질끈 감는다. 봄소식이 나의 잠든 오감五感의 문을 깨운 것이다. 산사에는 소리가 많다. 풍경소리, 범종소리, 목어소리, 법고소리, 목탁 소리, 경 읽는 소리, 염불소리 등이 그것이다. 뿐만 아니라 물 흐르는 소리, 새 소리, 짐승 우는 소리도 있다. 이 소리들은 저들끼리 살을 맞대어 산사 특유의 적요寂寥소리를 이끌어 낸다. 마침내 소리가 소리끼리 뭉쳐 적막한 고요를 풀어놓는 것이다. 여기에 고요소리 하나를 더한다면 바람에 꽃 피는 소리와 꽃 지는 소리이다.

쏴아, 쏴아—

산사의 바람은 풍경들을 흔들어 새로운 소리를 만들어내고 풍경을 빚어낸다. 그래서 산사는 더욱 고요하고 적막하다.

영원한 것은 없음을 알라 | 계룡산 동학사

나뭇가지를 흔들고, 구름을 흔들고, 장천을 흔들고 불어오는 바람 소리는 모든 소리의 근원이다. 그 바람이 모든 산사의 풍경들을 흔들어 새로운 소리를 만들어 내고 풍경을 빚어 낸다. 그래서 산사는 더욱 고요하고 적막하다.

이쯤이면 나는 어느 새 깊은 묵상默想에 빠져 든다. 자연이 그러하듯 인간의 삶 또한 그와 같이 절묘하다. 이 지상에 봄, 여름, 가을, 겨울 사계가 오듯 인간의 삶에도 사계四季는 어김없이 돌아온다. 그것이 인생이며 삶임을 느꼈을 때 나는 칠십 인생을 훌쩍 뛰어넘었다. 그런데 성불의 길은 아직도 아련하게 멀다.

일찍이 통도사 극락암 삼소굴에 주석하셨던 경봉 큰스님은 인생을 두고 '허공에 점을 한 점 찍는 것'이라고 했다. 허공에 찍은 점은 흔적이 없다. 우리 인생도 그러하다. 인간은 이 무상無常의 세월을 흘러 보내면서도 끊임없는 집착을 놓지 못하고 있다. 마치 그것이 전부인 양 말이다.

山堂靜夜坐無言	산당정야좌무언
寂寂寥寥本自然	적적요요본자연
何事西風動林野	하사서풍동림야
一聲寒雁唳長天	일성한안려장천
虛空可量風可繫	허공가량풍가계

동학사는 문수보살이 강림한 도량이다. 인간은 무상(無常)의 세월을 흘려 보내면서도 끊임없는 집착 때문에 내 안의 부처를 보지 못한다.

영원한 것은 없음을 알라 | 계룡산 동학사

無能說盡佛功德 | 무능설진불공덕 |

고요한 밤 산당에 묵묵히 앉았더니

적요로움 가득 본연의 세계인데

무슨 일로 서풍이 불어 숲을 흔들며

장천에 기러기 끼득끼득이 무슨 소식인가

허공도 가히 잴 수 있고 바람도 잡아맬 수 있으나

한량없는 부처님 공덕 다 말할 수 없다.

• 길상암 주련 •

동학사는 비구니 승가대학이 있는 곳으로 한국불교의 비구니 사찰로 널리 알려져 있다. 최초 창건은 신라시대 때 상원조사가 암자를 짓고 수도하다가 입적한 후, 신라 33대 성덕왕 724년, 상원 조사 제자 회의 화상이 쌍탑을 건립하였다고 전해진다.

당시 문수보살이 강림한 도량이라 하여 절 이름을 청량사라 하였는데 태조 19년 병신(936년)에 신라가 망하자 신라의 유신이었던 유차달이 이 절에 와서 신라의 시조와 신라의 충신 박제상의 초혼제를 지내기 위해 동계사東鷄祠를 짓고 절을 확장한 뒤, 절 이름을 지금의 동학사로 지었다고 한다. 절의 동쪽에 학 모양의 바위가 있으므로 동학사라고 했으며, 고려의 충신이자 동방이학東方理學의 조종인 정몽

자연은 인간을 이해하고 있으나 인간은 자연을 이해하지 못한다. 자연을 이해하는 것이 곧 나를 이해하는 것이다.

주를 이 절에 제향祭享했으므로 동학사라는 설도 있다.

1814년, 금봉 월인 스님이 길상암을 짓고 절을 중건하여 절 이름을 개칭하되 '진인출어동방眞人出於東方'이라 하여 '동東' 자를 따고 '사판국청학귀소형寺版局靑鶴歸巢形'이라 하여 '학鶴' 자를 따서 동학사라 명명했다는 설도 있다. 그 뒤 만화 스님의 제자인 경허 스님이 동학사에서 강의를 열다가 큰 깨달음을 얻어 한국의 선풍을 드날렸지만 한국전쟁으로 절의 건물이 전부 불타 없어지는 아픔을 겪었다. 이후 많은 스님들의 노력으로 오늘날의 동학사로 중건되었다.

산내암자로는 현재는 관음암·길상암·문수암·미타암·귀명암·상원암 등이 있는데 옛날에는 동전東殿으로 이름하였으나 현재는 길상암으로 불리는 산내암자이다. 1975년 법전 스님이 현재 법당을 신축한 곳으로 알려져 있다.

계룡산 길상암의 주련은 마치 한 폭의 풍경화를 보는 듯 아름답고 매끈한 선시禪詩 같다. 이 속에는 깊은 불연佛緣의 세계가 가득 깃들어 있다. 참으로 절묘하다. 스님들의 하루는 그저 산당에 앉아 경을 읽거나 염불 소리를 꿰는 게 전부라고 할 수 있다. 이것이 바로 불가에 입문한 스님들의 본연本然의 자세이다. 여기에는 그 어떤 시비도 있을 수 없다.

그런데 적막한 산당에 때 아닌 서풍이 숲을 흔들어 놀란 기러기가 끼득끼득 울고 간다. 이 속에는 부처님의 위대한 설법인 연기緣起법이 숨겨져 있다. 바람 불어 숲을 흔들고 그 속에 숨어 있던 기러기가 놀라 하늘로 날아오르는 이치. 바로 '이것이 있으므로 저것이 있고, 이것이 생함으로 저것이 생한다. 이것이 없으면 저것도 없고, 이것이 사라지면 저것도 사라진다.' 부처님의 위대한 인과설因果說이 아니겠는가.

　이와 같이 부처님의 설법은 자연의 이치 속에서도 한량없이 빛나고 그 공덕은 이루 말할 수도 없이 깊다. 이것이 우리들에게 던져주는 부처님의 한량없는 소식이 아니고 무엇이겠는가? 원래, 모든 존재는 시간적으로는 무상하지만 상주불변하는 존재 또한 없다. 이 세상에 영원한 것은 아무것도 없다는 말이다. 인생으로 비유하자면 인간의 육신은 늙고 병들어 결국 사라질 수밖에 없다.

　그러나 부처님의 위대한 전언傳言은 오늘날까지도 영원하여 모든 중생들에게 삶의 이치와 가치를 깨닫게 해주고 있다는 점을 우리는 명심해야 한다. 이 세상은 참으로 여러 가지 어려움이 많다. 착하게 살고자 하나 때로는 악해져야 하는 일도 수없이 많다. 이럴수록 부처님의 말씀을 깊이 새겨 '진흙 속에서도 물들지 않는 연꽃'처럼 사는 자세가 필요하다. 길상암 주련이 우리에게 던져 주는 교훈은 여기에 있다.

8. 백암산 백양사

백암산 백양사

몸과 마음을 청정하게 하라

사람은 반드시 자신만의 철학을 가지고 있어야 한다. 그래야만 이 각박한 세상으로부터 자신을 지킬 수 있으며 자신이 가진 꿈을 이룰 수가 있다. 철학이란 일종의 신념이다. 수행자의 길은 매우 험난하기 때문에 자신만의 굳은 신념과 철학이 없다면 힘든 수행생활을 견디기 힘들다. 그러므로 승가에 들어온 스님들은 반드시 자기만의 철학과 신념을 가져야 한다.

　그럼 수행자가 아닌 일반 사람이 세상을 살아가는데 지녀야 할 철학은 무엇일까? 바로 '사생관死生觀과 재물관財物觀'인데 우리 같은 수행자들에게는 사생관이 있어야 한다. 사생관은 죽음과 생을 바라

보는 시선이다. 이를 두고 부처님은 일찍이 네 가지의 보물을 잘 지켜야만 한다고 하셨다.

첫째가 건강이다. 사람은 건강할 때 모르지만 건강을 한번 잃기 시작하면 좀처럼 회복하기 힘들다. 둘째, 만족할 줄 아는 마음을 가져야 한다. 만족하는 마음을 내면 아무리 어려운 일도 능히 극복할 수 있는 힘이 생긴다. 셋째, 신뢰하는 생각을 가지면 빛이 나온다. 사람은 항상 깨끗한 마음을 가지고 있어야 하며 남에게 신뢰성을 갖추고 있어야 한다. 그래야만 모든 일을 능히 잘 할 수가 있다. 넷째 열반적정의 가르침이다. 사람은 누구나 죽음을 향해 걸어가고 있다. 죽음을 맞아 아쉬움과 한을 남기고 세상을 떠날 것인가. 언제나 즐거운 마음으로 생의 마지막 옷을 벗을 수 있는 마음의 준비를 하고 있어야 한다. 부처님이 이 네 가지의 사생관을 강조했듯이 우리 수행자들도 이 네 가지의 보물을 간직하고 있어야만 한다.

또 하나는 재물관이다. 우리나라에서 재물관을 제대로 정립한 대표적 사람은 최부잣집이다. 그는 한 스님의 가르침을 통해 재물에 대한 큰 깨달음을 얻었다고 한다. '만석 이상의 재산은 사회에 환원하고 흉년에는 논을 사지 않는다' 등이었다. 그가 이런 재물관을 가지게 된 것은 한 스님의 말씀 때문이었다.

"재물은 퇴비와 같아 한군데 쌓아 놓으면 썩어서 냄새가 나고 여러 군데로 뿌리면 곡식을 살리는 거름이 된다"는 말에 크게 깨쳤다고

백양사는 수많은 선승들을 배출한 한국 최고의 총림이다. 백암산의 호랑이 울음소리 같은 서옹스님의 할이 아직도 귓가에 흐르는 듯하다.

인간은 '마음과 육신'으로 이루어져 있지만 진짜 주인공은 마음이다. 마음이 사념하여 끊임없이 망상을 일으킴으로 이 마음을 잘 다스려라.

한다. 이 사생관과 재물관은 우리 수행자뿐만이 아니라 일반 불자들도 가슴 깊이 새겨 들어야 할 보물이다.

백양사 주련을 이야기함에 앞서 사생관과 재물관을 이야기하는 것은 모두 부처님의 준엄한 말씀이기 때문이다. 이러한 뜻이 모두 사찰 주련 속에는 깃들어 있다. 백양사는 우리나라에 있는 오대총림五大叢林 중의 한 곳이다. 승려들의 참선수행 전문도량인 선원禪院과 경전교육기관인 강원講院, 계율전문교육기관인 율원律院 등을 모두 갖춘 사찰이다. 일반적으로 통하는 백양사의 유래는 백제 무왕 때 세워졌다고 하는데 본래 이름은 백암사였다. 1034년 중연선사가 크게 보수한 뒤 정토사로 불리어지기도 하였다.

조선 선조 때는 환양선사가 영천암에서 금강경을 설법할 때 구름처럼 수많은 사람이 몰려들었으며 법회 3일째는 하얀 양이 내려와 설법을 듣고 7일간의 법회가 끝난 날 밤, 스님의 꿈에 흰 양이 나타나 '나는 죄를 짓고 양으로 변했는데 이제 스님의 설법을 듣고 다시 환생하여 극락으로 가게 되었다' 고 절을 하고 사라졌다. 이튿날 영천암 아래에 흰 양이 죽어 있었으며 그 이후 절 이름을 백양사라고 고쳐 불렀다.

백제시대의 고찰로 유구한 역사와 주변의 빼어난 경관을 가진 명찰로도 소문이 나 있다. 산내 십여 개 암자 중, 유서 깊은 운문암은 고려시대부터 납자들의 정진도량으로 유명한 데 석벽은 깎아지른

듯 험하고 산봉우리는 중첩하여 맑고 기이하며 웅장한 모습 때문에 한때는 백암사白巖寺로 불리기도 하였다

阿彌陀佛在何方 | 아미타불재하방 |
着得心頭切莫忘 | 착득심두절막망 |
念到念窮無念處 | 염도염궁무념처 |
六門常放紫金光 | 육문상방자금광 |

아미타불 계신 곳이 그 어디일까
잊지 않고 마음속 깊이 간직 하라
생각은 생각을 이어가다 생각조차 끊어진 곳에 이르면
내 몸의 육근에서 찬란한 금빛이 흘러나오네.

• 극락보전 주련 •

극락보전의 주련 속에는 '마음이 곧 부처'라는 부처님의 '즉심시불卽心是佛' 사상이 들어 있다. 사람들은 부처님을 찾기 위해 절을 찾기도 하고 열심히 기도를 올린다. 이것은 부처가 자신의 마음속에 있음을 명심하고 이를 늘 염두에 두고 간직하라는 뜻이다. 그렇게 되면 어떻게 될까.

인간의 생명체는 '마음과 육신'으로 이루어져 있지만 자신의 진짜

주인공은 마음이다. 마음이 사념하여 끊임없이 망상을 일으키게 되는 것이다. 육근이란 육식六識을 일으켜 외계外界의 제대상諸對象, 즉 대경對境을 인식하게 하는 근원적 요소를 이야기 하는데 우리의 육근 즉, 안근眼根, 이근耳根, 비근鼻根, 설근舌根, 신근身根, 의근意根 등을 가리킨다. 이 육근으로 인하여 저질러진 죄장罪障을 뉘우치는 것을 '육근참회' 라고 하며, 그렇게 참회하고 육근을 끊어 깨끗해지는 것을 '육근청정' 이라고 하는데 이것은 육근의 집착을 모조리 끊고 무애의 묘용妙用을 발하여 깨끗해지는 것을 뜻한다.

결국 육근이 가진 망심과 집착을 끊어내고 나면, 마음뿐만이 아니라 우리 육신을 이루고 있는 육근에서 찬란한 금빛이 흘러나오게 된다. 이를 두고 우리는 깨달음이라고 한다. 우리들에게 들려주는 주련의 핵심은 곧 '마음이 곧 부처이기 때문에 몸을 이루고 있는 육근을 청정하게 하면 부처가 될 수 있다' 는 깊은 뜻이 숨겨져 있다.

9 · 등운산 고운사

등운산 고운사

일체가 부처님 모습이다

불자들에게서 '불교란 무엇인가?' 하고 질문을 가끔 받는다. 이럴 때는 승가에서 오십 성상星霜을 보낸 산승山僧도 당황할 때가 있다. 불자들이 그러한 질문을 던지는 속뜻은 자신이 믿고 있는 불교에 대해 더 자세하게 알고 싶은 탓일 것이다. 나는 이럴 때마다 불교를 어떻게 하면 한마디로 압축하여 설명해 줄 수 있을까 많은 고민을 하지만 불교란 '마음공부'를 하는 것이고 궁극적인 목표는 성불成佛에 있다고 했다.

글자 그대로 해석하면 불佛은 부처님을 뜻하고 교教는 가르침을 뜻한다. 다시말해 부처님의 가르침이다. 이를 따르면 '부처'가 된다는

산사를 오르는 마음은 곧 깨달음을 찾기 위한 것이다. 스님들의 뒷모습은 마치 부처님의 모습이다.

사천왕문의 지국천왕이 인간의 어리석음을 꾸짖는 것 같다.

뜻이다. 그런데, '부처'라는 말은 도대체 무엇을 말하는 것이며 또한 부처가 되면 무엇이 좋은 것일까? 이쯤에서 불자들은 깊은 의문에 빠지게 된다. 심지어 평범한 일반인들은 자신이 감히 '부처'가 될 수 있다는 말에 고개를 절레절레 흔든다. 부처를 성인聖人의 경지로 보기 때문이다. 물론 이 같은 시각도 분명 맞다. 어찌 보면 참으로 '성불'만큼 쉬운 것도 없으며 불교만큼 쉬운 공부도 없다. 왜냐하면 불교란 모든 것으로부터 벗어나 '마음공부'를 하여 안식을 찾으면 되기 때문이다. 성불이란 깨달음을 얻어 모든 괴로움으로부터 벗어난 상태를 말하는데 이를 두고 불교에서는 '고苦로부터의 해탈'이라고 한다. 즉,

기와 위에 꽃잎이 눈처럼 휘날린다. 사랑아 너 어디 있느냐.

삶의 모든 괴로움으로부터 벗어나 안온한 경지에 도달하는 것이다.

일반적으로 사람은 살면서 즐거움보다 괴로움이 더 많다. 그 괴로움은 누가 만드는 것일까? 자기 자신이다. 더 많은 물질적 욕망을 얻기 위해, 혹은 더 많은 명예를 얻기 위해 스스로 괴로움을 만든 탓이다. 이러한 괴로움에서 탈피하기 위해 '마음공부'를 하는 것이 불교이다.

석가모니 부처님께서도 사람이 가진 근원적인 괴로움으로부터 탈피하기 위해 출가하여 6년간의 고행 끝에 마침내 성불하였다. 만약, 불자들도 열심히 수행한다면 인간이 가진 괴로움으로부터 벗어나 마음의 안식을 찾은 석가모니 부처님처럼 성불할 수가 있을 것이다.

極樂堂前滿月容 | 극락당전만월용 |
玉毫金色照虛空 | 옥호금색조허공 |
若人一念稱名號 | 약인일념칭명호 |
頃刻圓成无量功 | 경각원성무량공 |

극락당 위에 뜬 만월 같은 위용
옥호와 금색은 허공을 비춘다.
만일, 사람들이 오직 일념으로 부처님 명호를 부른다면
경각에 한량없는 큰 공덕을 이루리라.

• 대웅전 주련 •

등운산 고운사는 신라 신문왕 원년(681년)에 해동 화엄종의 시조이신 의상 스님께서 창건한 사찰로서 연꽃이 반쯤 핀 부용반개 형상의 천하명당에 위치하고 있다. 원래 이름은 고운사高雲寺였는데 신라말 불교와 유교·도교에 모두 통달하여 신선이 됐다는 최치원이 여지·여사 양 대사와 함께 가운루(경북 유형문화재 제151호)와 우화루를 건축한 이후 그의 호인 고운孤雲을 빌어서 고운사孤雲寺로 바뀌게 됐다.
고려 태조왕건의 스승이자 풍수지리사상의 시조로 받들어지는 도

인간은 욕망을 얻기 위해, 혹은 명예를 얻기 위해 스스로 괴로움을 만든다. 누가 고통을 던져 주는 것이 아니다.

선국사가 가람을 크게 일으켜 세웠으며 그 당시 사찰의 규모가 다섯 동의 법당과 열 개의 요사채가 있어 오법당십방사五法堂十房舍였다고 한다. 현존하는 약사전의 부처님(보물 제246호)과 나한전 앞의 삼층석탑(경북 문화재자료 제28호)은 도선국사께서 조성하신 것들이다. 특히 이곳은 해동제일지장도량이라 불리는 지장보살영험성지로서 많은 불자들에게 알려져 있다. 예로부터 죽어서 저승에 가면 염라대왕이 고운사에 다녀왔느냐고 물었다고 하는데, 지장보살님의 원만자비하신 풍모는 물론이거니와 명부십대왕의 상호와 복장도 다른 사찰에서는 보기 힘든 위엄과 정교함을 자랑한다.

극락당 위에 떠 있는 만월은 다름 아닌 부처님이다. 45년간 설하신 위대한 법은 옥호와 금색으로 빛나, 항상 온 세상을 비추고 있다. 그럼 부처님이 설하신 그 위대한 법은 도대체 무엇이기에 2500년이 지난 지금 아직도 허공 속에서 저리도 빛나고 있는 것일까? 그것은 네 가지의 성스러운 가르침인 사성제四聖諦 때문이다. '괴로움에 대한 가르침, 괴로움의 원인에 대한 가르침, 괴로움의 소멸에 대한 가르침, 괴로움을 소멸시키는 길에 대한 가르침' 인데 압축하면 '고집멸도苦集滅道' 이다.

그래서 일찍이 부처님은 이 네 가지의 성스러운 가르침을 두고 "본래 듣지도 못한 법인데 여래가 마땅히 알 것을 이미 알아, 눈이 나고 빛이 나고 지혜가 났느니라."라고 했던 것이다. 만약, 여래가 이 네 가지의 거룩한 가르침을 알지 못했다면 위없는 바른 깨달음을 실현하지 못했을 것이다. 그러나 여래는 이 네 가지 거룩한 가르침을 여실히 알아서 위없는 가르침을 설하는 동안, 이를 깨닫는 이가 있다면 여래는 법의 바퀴를 굴릴 것이지만, 깨닫는 이가 없다면 법의 바퀴를 굴리지 않을 것이라고 했던 것이다.

만약, 모든 사람이 이러한 사성제의 위대한 부처님의 법을 깨달아 수행과 공부를 거쳐 부처님의 명호를 열심히 부른다면 한량없는 복을 얻게 된다는 말씀이다. 참으로 가슴을 적시는 내용이다. 이렇듯 하늘에 떠 있는 만월뿐만 아니라 해와 구름, 새, 바람, 꽃, 별, 그 모든 것이 부처님의 감추어진 얼굴이다. 그 모든 자연의 이치 속에 부처님의 위대한 설법인 사성제가 숨겨져 있다. 사람은 물질에 갇혀 살아서는 안 된다. 사람이 물질에 갇히게 되면 도덕과 윤리 존재가치마저 흔들리게 된다. 이를 위해 '마음공부'를 하는 것이 바로 불교이다. 누구든 열심히 수행을 하면 부처가 될 수 있다. 이러한 선택을 할 수 있는 몫은 당연히 자기 자신에게 달려 있다.

10 · 팔공산 파계사

팔공산 파계사

대자대비로 중생 건지시네

우리는 부처님을 두고 성인聖人이라고 부른다. 성인이란 지혜와 덕이 매우 뛰어나 길이 우러러 본받을 만한 인간을 말한다. 처음에는 부처님께서도 중생같이 고통을 받고 감정의 굴곡에 쉽게 흔들리는 평범한 인간에 지나지 않았다. 하지만 부처님은 출가하여 치열하고 쉼 없는 정진을 통해 깨달음을 얻어 성인이 되셨다. 이와 같이 우리도 부처님처럼 열심히 수행하고 정진한다면 부처님처럼 될 수 있는 잠재능력을 지니고 있다는 것을 알아야 한다.

그러므로 불자들이 명심해야 할 것은 부처님의 가르침을 어떻게 우리 생활 속으로 접목시켜 자기 것으로 만들 수 있는가이다. 이러한

사람들은 욕망의 탑을 세우려 하지만 정작 마음의 탑은 세우지를 못한다. 탐진치 삼독을 버려야만 진정한 탑을 세울 수가 있다.

사실들을 우리들은 몸소 체험하고 알고 있으면서도 정작 실천에 옮기지 못하는 우遇를 범하고 있다. 이를 깨닫지 못하면 영원히 깨달음이란 먼 길일 수밖에 없다.

인간이 짐승과 다른 이유는 마음이란 내면성內面性을 가지고 있다는 점이다. 이런 내면 속에 숨겨진 자질을 발견하여 꾸준히 갈고 닦아야만 비로소 부처님에게 다가갈 수 있다. 고로 중요한 것은 '자신의 마음'을 어떻게 잘 다스리고 가꾸는가에 달려 있다.

觀音菩薩大醫王 | 관음보살대의왕 |
甘露瓶中法水香 | 감로병중법수향 |
灑濯魔雲生瑞氣 | 쇄탁마운생서기 |
消除熱惱獲淸凉 | 소제열뇌획청량 |

관세음보살님은 중생의 병 고치는 큰 의사
감로수 병속에 법수 향기롭네.
마귀의 구름 벗기고 서기 살아나게 하며
모든 번뇌 씻어 버리고 청량함을 얻게 한다.

• 원통전 주련 •

파계사는 갓바위로 유명한 대구 팔공산八公山 서쪽 기슭에 자리 잡

종소리는 애욕의 바다에 잠겨 열 겹, 스무 겹으로 뒤덮인 무지(無知)와 미망(迷妄), 욕망과 번뇌를 씻어 내는 소리이다.

은 동화사桐華寺의 말사이다. 신라 애장왕(804년)때, 심지心地가 창건하고, 1605년(선조 38) 계관戒寬이 중창, 조선 숙종(1695년) 때 현응玄應이 삼창하였다. 특히 영조英祖의 출생과 관계되는 설화가 전해지고 있는데 숙종의 부탁을 받은 현응은 농산聾山과 함께 백일기도를 하고, 기도가 끝나는 날 농산이 숙빈淑嬪 최 씨에게 현몽하였으며, 이렇게 태어난 아들이 후일의 영조였다.

숙종은 보답으로 파계사 주변 40리 이내의 조세租稅를 받아쓰라고 하였으나 현응은 지방 유림儒林의 행패를 막으려고 이를 거절하고 선대의 위패를 모시기를 청하였다. 관세음보살상을 개금할 때, 불상에서 나온 영조의 어의御衣는 이 설화의 신빙성을 더해 준다. 파계사는 대웅전이 없고 관세음보살을 주불로 모시고 있는 원통전이 중심법당이다. 이 안에 있는 목조관음보살좌상은 보물로서 흠잡을 데 없는 균형미와 화려함이 미의 극치를 보여주고 있다. 특히 머리 위의 보관은 당초무늬와 꽃무늬가 매우 정교하다.

현존 당우로는 2층 누각인 진동루鎭洞樓, 법당인 원통전圓通殿, 적묵당寂默堂 등이 있고, 부속암자로서는 현니암玄尼庵 · 성전암聖殿庵 · 금당암金堂庵 등이 있다. 영산회상도靈山會上圖는 보물로서 구도나 형식에서 특색을 갖추고 있고 필법과 채색 또한 품격을 지닌 뛰어난 작품으로 18세기 초를 대표하는 불화 가운데 하나로 꼽힌다.

파계사하면 빼놓을 수 없는 것은 자비로 중생의 괴로움을 구제하는 관세음보살상이다. 관세음觀世音은 세상의 모든 소리를 살피고 관자재觀自在는 이 세상의 모든 것을 자재롭게 관조觀照하여 보살핀다는 뜻이다.

관세음이나 관자재의 뜻은 같으며 그 원래의 이름 자체도 하나이다. 보살bodhisattva은 세간과 중생을 이익되게 하는 성자聖者이므로 이 관세음보살은 대자대비大慈大悲의 마음으로 중생을 구제, 제도하는 보살이다. 그러므로 세상을 구제하는 구세보살救世菩薩, 세상을 구제하는 청정한 성자 구세정자救世淨者, 중생에게 두려움 없는 마음을 베푸는 시무외자施無畏者, 크게 중생을 연민하는 마음으로 이익되게 함으로 대비성자大悲聖者라고도 부른다. 따라서 주련에 담긴 내용은 중생이 가진 삼독三毒 즉 탐욕, 성냄, 어리석음을 고쳐주는 의사가 바로 관세음보살이라는 말씀이다. 현대의 의사와 다를 바가 없으며 한마디 한마디 전해주시는 법 또한 법수法水처럼 그지없이 향기롭다.

인간의 번뇌는 대개 자신이 만든다. 번뇌란 곧 마음속에 든 마귀의 그림자이며 구름이다. 이를 쫓아내게 하시는 분이 관세음보살이다. 인간의 마음속에 깃든 악도惡道의 그림자를 벗겨내어 본래부터 인간이 지니고 있었던 깨끗하고 청정한 마음을 되살려 놓는다.

이와 같이 길을 잃고 그릇된 길 속에서 헤매다가 어둠 속에 떨어지는 게 바로 중생이다. 관세음보살님은 이러한 중생들을 구제하기 위해 지혜의 등불을 밝혀 모든 부처님의 가르침을 보여 주기 위해 스스

누구의 간절한 탑인가. 한 개 한 개 쌓아 올린 마음의 돌이 제발 허물어지지 않기를…

로 중생들의 등불이 되셨다. 참으로 가슴 깊이 새겨야 할 전언傳言이다. 우리 중생들은 생사의 흐름 속에 헤매고 있으며 애욕의 바다에 잠겨 무지無知와 미망迷妄은 열 겹, 스무 겹으로 뒤덮여 있다. 또한 그 마음을 버리지 못하고 동여맨 채 칠흑 같은 어둠 속에서 두려움으로 떨고 있다. 중생은 번뇌가 가리키는 대로 자신도 모르게 오욕에 물들고 취하여 망상을 일으켜 영구한 세월동안 괴로움의 고통을 받고 있음을 알아야 한다.

하지만 성불한 부처님께서는 그러한 미혹을 벗어나 중생의 고뇌를 낱낱이 알고 끊어 내어 윤회의 세계에서 해탈한 사람이 되셨다. 이것이 대비大悲의 경계이다. 부처님은 중생을 적멸의 세계로 인도하기 위해 최고의 진리를 45년 동안 설하셨는데 이러한 부처님의 전언이 오늘날 사찰 주련 속에 담겨져 있다.

11. 북한산 문수사

북한산 문수사

마음 그릇을 크게 하라

불교는 마음 하나 잘 짓고 마음관리를 잘 해야 하는 종교이다. 인간은 내가 가진 마음 하나를 항상 청정하게 잘 유지해야만 나날이 즐거워질 수가 있고, 인생의 궁극적 목표를 향해 앞으로 나아갈 수가 있다. 그럼에도 불구하고, 인간은 이 마음 하나를 잘 짓지 못해 오늘날 좋지 못한 결과를 낳기도 한다. 그럴 때면 외려 안타까운 생각마저 든다.

그럼, 어떻게 살아야 마음을 잘 짓는 것일까? 인간이 중생과 다른 이유는 사회적 기능과 직관력을 함께 가지고 있다는 데에 있다. 마음공부는 이러한 직관력을 갖추는데 절대적으로 필요하다. 원래 인간

의 마음은 청정하다. 사회생활을 거치면서 차츰 욕망이 생기고 그 마음에 때가 낀다. 오늘날 이 사회가 어려워진 것도 마음 속에 생긴 이 욕망을 제대로 다스리지 못해 생기는 결과라고 할 수 있다.

문수사는 명산인 북한산 자락에 있는 천년고찰이다. 고려 예종 (1109년) 때 뛰어난 서예가로 알려진 신품사현神品四賢 중의 한 명으로 이름을 드날린 묵암 탄연에 의해 창건됐다. 당시 그는 암굴暗窟 속에서 수도를 하던 중 문수보살을 목격하고 문수암文殊庵이라는 암자를 지었다고 한다. 오대산 상원사, 고성 문수사와 함께 한국의 문수보살 3대 성지로 널리 알려져 있고 오백나한을 모시고 있는 나한도량으로도 유명하다.

현존하는 건물로는 대웅전과 나한전·산신각·요사채 등이 있는데 대웅전의 문수보살상은 고종의 비 명성황후明成皇后가 조성한 것이고, 석가모니불은 영친왕 이은李垠의 비인 이방자李方子 여사가 조성했다. 이곳에 있는 문수봉은 전망이 매우 좋아 많은 사람들이 찾는다. 특히 묵암 탄연이 수행한 곳으로 알려진 문수천연동굴은 천연의 암반 속에 자리하고 있는데 그 깊이가 30m가 넘는다.

문수봉에서 한눈에 보이는 북한산은 그야말로 비경秘經이다. 봄이면, 철쭉과 진달래꽃이 붉게 타오르고, 가을이면 붉은 단풍잎이 온 산을 불태운다. 대남문 옆 깎아지른 절벽 아래 아찔하게 서 있는 문

문수천연동굴은 묵암 탄연이 수행한 곳이다. 천연의 암반 속에 자리하고 있는데 그 깊이가 30m가 넘는다.

자비로우신 오백나한님의 미소가 그대의 마음을 씻게 하느니. 부처는 먼 곳에 있는 게 아니라 오직 마음 안에 있다.

수사는 한 폭 풍경화처럼 아름답다. 산불이나 태풍 때문에 몇 번 소실의 위기를 맞기도 했으며 그 명성만큼이나 한국사의 아픈 상처를 안고 있는 곳이기도 하다.

4·19로 인해 실각한 이승만 전 대통령과, 5·18군사 쿠데타의 주인공인 전두환 전 대통령의 일화가 이곳에 숨어 있다. 이승만의 어머니는 문수동굴에서 백일기도를 드려 아들을 얻었으며 전두환 대통령이 쓴 편액이 문수천연동굴의 입구에 걸려 있다. 이 두 대통령의 어두운 과거사가 아이러니컬하게 녹아 있는 것이다. 어떻든 북한산 꼭대기 벼랑 끝에 마치 제비집처럼 걸쳐 있는 문수사는 그 유래만큼 명성황후, 이승만, 전두환으로 이어지는 비운의 역사가 숨겨져 있다.

조선의 국모였던 명성황후에 의해 중건된 대웅전 안의 문수보살상은 중생의 소원을 들어 주는 곳으로 유명하여 많은 불자들이 찾는다. 원래 문수보살은 지혜가 뛰어난 보살로서 석가가 돌아가신 후 인도에 태어나 '반야般若'의 도리를 선양하여 지금도 반야 지혜의 상징으로 불리고 있다. 또한 『반야경般若經』을 결집, 편찬한 보살로도 알려져 있는데 『화엄경華嚴經』에서는 비로자나불毘盧遮那佛의 협시보살脇侍菩薩로서 보현보살普賢菩薩과 더불어 삼존불三尊佛의 일원으로 실천적 구도자의 모습을 하고 석가모니불의 교화를 돕는다. 대웅전의 글씨는 몇 번의 소실 때문에 누가 썼는지 모른다.

명성황후가 문수사에 문수보살상을 조성한 이유도 나라를 빼앗긴

우둔한 신하들에게 지혜를 가르쳐주기 위함이었다. 대웅전 주련의 내용들도 부처님의 '지혜의 공덕'을 예지하고 있어 문수보살과 무관하지 않은 것 같다.

剎塵心念可數知 | 찰진심념가수지 |
大海中水可飮盡 | 대해중수가음진 |
虛空可量風可繫 | 허공가량풍가계 |
無能盡說佛功德 | 무능진설불공덕 |

티끌 같은 인간의 마음을 다 헤아리고
저 넓은 바다의 물을 다 마신다고 해도
가히 허공도 잴 수 있고 바람도 잡아 맬 수 있다고 해도
한량없는 부처님 공덕은 다 설할 수 없네.

• 대웅전 주련 •

주련은 인간의 티끌 같은 마음을 헤아릴 수 있고, 또한 저 많은 바다 물을 다 마실 수 있으며, 허공도 잴 수 있고 바람도 잡아 맬 수 있다고 가정하고 있다. 하지만 실제 인간은 사람의 마음을 알 수 없고, 바닷물을 마실 수 없으며 허공을 재지 못하며 부는 바람을 손으로 붙잡지도 못한다. 그런데 왜 부처님은 인간이 할 수 있다고 가정하는

바람이 불면 목어가 댕댕 울린다. 그 소리야말로 극락이요 부처이다. 이 세상 부처 아닌 것이 없음을 알라.

것일까? 이는 부처님의 위대함을 돋보이게 하기 위한 하나의 대구법對句法이다.

인간이 그런 위대한 것을 설령 이루었다고 하더라도 즉, '무능진설불공덕' 부처님의 다함 없는 공덕에는 비할 바가 아니라는 것이다. 뛰어난 비유라고 할 수 있는데 부처님의 공덕은 그 어떤 어려운 것까지도 할 수 있음을 강조한 경구經句라고 하겠다.

인간의 마음은 그릇으로 따지면 쓰기에 따라 작은 종지가 될 수 있고, 때로는 저 바다와 같이 넓을 수도 있다. 말하자면, 지혜도 그 그릇이 커야 제대로 담을 수가 있는 것이다. 마음은 인간의 중심中心인데 어떤 마음의 그릇을 지니고 있는가에 따라 그 인격이 결정된다고 해도 과언이 아니다. 인간들은 어리석음 때문에 곁에 있는 부처를 자꾸만 멀리서만 찾으려고 한다. 부귀나 명예, 쾌락 그런 것만을 추구하다보면 진정한 자신의 마음 속을 들여다볼 수 없으며 또한 자신의 존재조차 까맣게 잊어버리는 결과를 초래한다. 이런 사람에게는 남을 위하는 이해심과 온전한 사랑을 기대할 수 없다.

일찍이 부처님은 모든 선악과 기적은 다만 마음이 만든다고 해서 '일체유심조一切唯心造'를 강조했다. 오늘날 경제가 힘들다고 생각하는 것도 어쩌면 우리 마음이 지어내는 우울함 때문이 아닌가 싶다

12. 마니산 정수사

마니산 정수사

눈앞에 있는 그대로 보라

천년고찰들은 대개 그 나름의 독특한 정취가 숨겨져 있고, 그 사찰만의 깊은 유래와 특색을 가지고 있다. 그러나 사찰들이 품고 있는 전통성들은 하루가 다르게 현대성과 어울려 차츰 그 품격을 잃어가고 있는 실정이다. 이것은 건물을 재건하거나 중창을 할 때 반드시 짚고 나가야 할 보존법을 소홀히 하기 때문인데 건물을 해체, 보수할 때는 기존의 건물에 대한 면밀한 검토 작업이 사전에 필요하다.

몇 년 전 우리는 일제침략과 한국전쟁에서도 지켜왔던 국보 1호 남대문을 한 개인의 원한과 욕심으로 어처구니없이 잃고 말았다. 청천벽력 같은 화재로 인해 국민들이 입은 상처는 말로 다 표현할 수

없다. 그러나 이미 상처는 지나갔다. 문제는 수백 억을 들여 다시 남대문을 재건하는데 있어 원래 남대문이 가지고 있었던 그 위용과 품격을 어떻게 재건하느냐에 달려 있다. 물론, 사찰 건축에 있어 최고의 권위자들이 모여 치밀한 계획 아래 다시 세워지겠지만 염려가 앞서는 것은 무엇 때문일까? 조상들만이 가진 독특한 사찰 건축기술을 현대인들의 건축술의 잣대만으로 설계, 재건되어서는 결코 안 된다. 여기에는 보다 더 치밀한 다각도의 노력이 필요하다.

사찰 속에는 국가적 재산인 국보와 보물들이 많이 있다. 그런데 이에 대한 관리가 전적으로 그 사찰의 주지나 스님들에 의해 이뤄지고 있다. 참으로 우리 스님들의 공적은 이루 말할 수 없다. 만일 사찰에 스님들이 없다면 국가는 국보와 보물들의 보존을 위해 엄청난 대가를 지불할 수밖에 없다는 점을 알아야 한다.

그런데도 불구하고 문화재 관리에 대한 사찰의 지원은 까다로운 절차를 밟아야 한다. 그 경비도 턱없이 부족하다. 물론, 공정하고 정당한 관리에 의해 집행되는 것은 매우 상징적이고 좋은 일이지만 그렇다고 오래된 사찰의 보수나 관리에 있어 지나치게 사찰의 내정에 간섭하는 것은 좋지 않다. 사찰 보수나 중창에 있어 기존 문화재의 모양과 채색 등을 보다 신중하게 검토하여 재건해야 한다. 이를 소홀히 하다보면, 전통사찰이 마치 현대에 지은 사찰 같은 느낌이 들 때도 있다. 심히 안타깝다.

최근에도 전통사찰들의 주변이 개발되면서 사찰의 수행환경이 훼손되는 사례들이 이어지고 있다. 법적인 보호 장치가 미약한데다가 개발자들의 현실적인 이익을 향한 열망이 너무나 강해 사찰로서는 어려움이 이만저만이 아니다. 전통사찰을 종교적 시각에서만 보아서는 안 된다. 민족의 문화유산, 무형과 유형의 유산이 있는 사찰을 스님들이 관리하고 그 역사를 지키고 있다는 생각을 해야 한다. 쓸데없는 이야기를 많이 한 것 같다. 하지만 이것도 다 한국불교의 미래를 위해 반드시 짚고 나아가야 할 일이라는 점을 반드시 하고 싶다.

摩訶大法王　| 마하대법왕 |
無短亦無長　| 무단역무장 |
本來非早白　| 본래비조백 |
隨處現靑黃　| 수처현청황 |

거룩하고 위대하신 부처님은
짧지도 길지도 않으시며
본래 희거나 검지도 않으며
모든 곳에 인연 따라 나타나시네.

• 대웅전주련 •

정수사는 강화도 마니산 동쪽 아래에 누운 작고 아담한 절이다. 대웅전 툇마루에 앉아 정면을 바라보면 멀리 인천의 영종도와 은빛으로 빛나는 갯벌이 한눈에 들어온다. 신라 선덕여왕 때 회정스님에 의해 창건된 대웅전은 조선 초기 주심포 양식으로 정면에는 특이하게 널찍한 마루가 있어 마치 시골집을 찾는 기분을 갖게 한다.

법당 건물의 기둥은 원형으로 이루어져 있는데 무게의 중심이 공포와 기둥을 통해 지면으로 전달되는 특이한 구조로 초석礎石은 가공하지 않은 자연석이다. 이러한 건축물은 봉정사 극락전이나 부석사 무량수전, 수덕사 대웅전에서도 볼 수 있는데 조선시대 대표적인 건물로 보물 제161호이다.

대웅전 내부에는 석가모니불과 네 분의 협시불이 모셔져 있다. 천장의 중앙에는 움푹 파인 우물식이며 그 주위는 빗천장으로 학鶴과 용龍을 그려 넣어 법당내부는 온통 문양紋樣으로 가득 찬 부처님의 세계를 보여주고 있다. 또한 창호는 꽃살 무늬로서 화려함과 정교함을 동시에 지니고 있는데 겹처마의 단청은 여느 절과는 색에서부터 문양까지 그 차이가 매우 커 아름답다.

정수사에는 유명한 것이 하나 더 있는데 바로 상사화다. 상사화는 꽃이 필 때는 잎이 없고 잎이 달려 있을 때에는 꽃이 없어, 꽃과 잎이 서로 그리워한다는 꽃으로써 늦여름이면 정수사 마당 앞의 산자락에는 노랑 상사화 군락이 형성되기도 한다. 뿐만 아니라 정수사 하면

정수사 대웅전은 석가모니불과 네 분의 협시불이 모셔져 있다. 학(鶴)과 용(龍)을 그려 넣어 법당 내부는 온통 문양(紋樣)으로 가득 찬 부처님의 세계를 보여주고 있다.

차茶이야기를 빼놓을 수 없다. 차茶의 성지라고 할 만큼 물맛이 매우 뛰어나기 때문이다. 처음 절의 명칭은 정신수련을 해 도를 얻으라는 뜻인 정수사精修寺로 표기를 했다가, 무학 대사의 제자이며 끽다喫茶의 달인으로 불렸던 함허涵虛 스님이 경내에 솟는 맑은 샘물을 보고 정수사淨水寺로 바꾸었다고 한다. 함허 스님이 남긴 한 수의 선시禪詩는 이 절이 가진 차의 맛을 단 한 줄로 압축한다.

불가에서 차를 마시는 행위는 곧 참선 수행이 되는 '다선일여茶禪一如'의 경지이기 때문이다. 불교와 차는 종교적, 문화적으로 혼연일체가 되어 자연스레 꽃을 피웠다. 차를 마시는 일은 부처와 내가 하나 되는 삶, 차와 선이 하나 되기도 하고 부처가 되기 위한 하나의 수행과정이다.

고려 때 지눌 스님은 "불법은 차를 마시고 밥을 먹는 곳에 있다"고 설법하였으며 함허 스님은 "한 조각의 마음, 한 주발의 차에 있나니"라는 시를 남기기도 했다.

대웅전의 주련의 내용은 부처님의 가르침인 중도中道사상이다. 현실을 바라보매 있어 모자라지 않고 넘치지도 않는 '있는 그대로' 세상을 바라보게 되면 '모든 곳에 인연 따라 나타나듯' 이 부처님이 반드시 화현한다는 뜻이 담겨져 있다. 깨달음이란 현실과 떨어져 있지 않으며 이것이 바로 보살의 바라밀을 실현하려는 사상이다.

쉽게 말해서 중도란 '이변비중離邊非中'이라고 할 수 있다. 이 말은 '이변離邊 즉 양변을 떠나나 비중非中 그렇다고 가운데도 아니다.'라는 의미인데, 쾌락과 고행, 이익과 손해 등의 일체의 양변을 떠나되 그 둘의 중간에도 있지 않다는 뜻이기도 하다.

중도라는 말이 처음 나온 것은 부처님이 처음 법륜을 굴릴 때 나온 말씀인데 일단 승가에서는 쾌락과 고행의 어느 쪽에도 기울지 말고 수행하라는 의미로 보면 된다.

요즘 사람들은 '있는 그대로' 세상을 보지 않고, 항상 말을 덧붙여 말 하거나 진실 그대로 이야기를 하지 않는 경향이 많다. 이는 몸속에 욕망에 대한 집착과 거짓이 많이 들어 있기 때문인데 부처님의 중도 사상은 '자기를 속이지 말고 똑바로 보라'는 것이다. 정수사 대웅전의 주련 속에는 이 같은 부처님의 중도 사상이 숨겨져 있다.

13 · 조계산 송광사

조계산 송광사

열반은 살아서 얻는 것

인간이 마지막 죽음을 앞두고 느끼는 것은 '자성自性'이다. 그런데 인간은 왜 죽음을 앞두고서야 이를 느끼게 되는 것일까? 살아 있을 때는 왜 이러한 깨달음을 일찍 얻지 못하는 것일까? 여기에는 분분한 의견이 있다. 인간이 짐승과 다른 이유는 생각하는 존재라는 데에 있다. 인간의 이러한 생각은 마음에서부터 흘러나온다. 이는 인간만이 가지는 고유한 능력이며 또한 한계限界라고 할 수 있다. 인간이 가진 '무지와 판단' 이 두 가지의 명제를 동시에 가질 수 있는 것은 바로 이 '마음'이라는 존재를 가지고 있기 때문인데 바로 불교는 이 마음을 다스리는 종교라고 할 수 있다.

사람이 자살을 할 수 있는 이유도 '마음'의 존재 때문이다. 짐승은 스스로 목숨을 끊을 수가 없다. 아니 생각하지도 못한다. 인간이 자살이라는 '극단의 선택'을 모색할 수 있는 것도 이 마음이라는 존재를 가지고 있기 때문인데 이를 다스리지 못하면 결국 '극단'의 길로 갈 수밖에 없다.

오늘날 우리는 너무 많은 죽음을 보면서 살아가고 있다. 죽음보다 더한 고통이 이 세상에 있을 수 있을까? 노무현 전前 대통령뿐만 아니라 유명 연예인들의 자살 사건은 참으로 살아 있는 사람들에게도 많은 고통을 던져 주고 있다. 평생 마음의 짐을 안고 살아가야 하는 가족들의 고통은 이루 말할 수 없을 것이다.

원래 부처님 법에는 생사가 없다. 그런데 우리 인간은 반드시 죽는다. 하지만 부처님의 법에는 생사가 없으므로 내세관來世觀도 존재하지 않는다고 볼 수 있다. 어찌 보면 부처님의 법은 어불성설이라고 볼 수 있지만 이러한 생각이 바로 대승大乘의 경지라고 할 수 있다. 생사가 없으므로 고통과 번민이 있을 수 없다는 것이다.

육근六根이라고 하는 '안이설비신의眼耳舌鼻身義'는 본래 청정하므로 또한 사대四大 역시 청정하다. 고로 우리의 몸은 나고 죽음이 없는 그곳으로 돌아가기 때문에 그냥 본래자리로 되돌아가는 것에 지나지 않는다고 볼 수 있다. 열반은 죽어서 얻는 것이 아니라 살아서 얻는 것임을 우리는 깨달아야 한다. 그러므로 불교를 믿는 중생들은 결코 스스로 목숨을 끊는 어리석은 극단의 선택을 하여서는 절대 안 된다.

송광사는 전라남도 순천시 송광면에 있는 조계산 자락에 새둥지처럼 아늑하게 자리 잡고 있는 유서 깊은 사찰로 알려져 있다. 송광松廣이라는 이름에는 몇 가지 전설이 있다. 하나는 열여덟 명의 큰스님들이 나서서 부처님의 가르침을 널리 펼 절이라는 뜻이다. '송松'은 '十八(木)+公'을 가리키는 글자로 열여덟 명의 큰스님을 뜻하고, '광廣'은 불법을 널리 펴는 것을 가리켜서 큰스님들이 나서 불법을 크게 펼 절이라는 것이다.

원래 송광사는 신라 말 혜린慧璘선사에 의해 창건되었다. 창건 당시에는 송광산 길상사吉祥寺였으며 일백여 칸쯤 되는 절로 삼, 사십 명의 스님들이 살 수 있는 그리 크지 않은 규모의 절이었다. 그 뒤 고려 인종 때 석조釋照대사께서 절을 크게 확장하려는 원을 세우고 준비하던 중, 타계하여 뜻을 이루지 못하다가 이후 50여 년 동안 버려지고 폐허화된 길상사가 중창되고 한국불교의 중심으로 각광받게 된 것은 불일 보조국사 지눌 스님의 정혜결사가 이곳으로 옮겨지면서부터이다. 지눌 스님께서 정혜결사를 실천에 옮기기 위해 터를 잡으실 때 모후산에서 나무로 깎은 솔개를 날렸더니 지금의 국사전 뒷등에 떨어져 앉았다. 그래서 그 뒷등의 이름을 솔개가 내려앉은 대인 '치락대'라 불렀다. 이 전설을 토대로 육당 최남선은 송광의 뜻을 솔개의 사투리인 솔갱이라 하여 송광사를 솔갱이 절이라 불렀다. 때로

는 산에 소나무가 많아 '솔메'라고 불렀으며 그에 유래에서 '송광산'이라 했으며 나중에는 산 이름이 절 이름으로 바뀌었다.

   지눌 스님은 9년 동안의(명종 27년 1197년 ~ 희종 원년) 중창불사로 절의 면모를 일신하고 정혜결사운동에 동참하는 수많은 대중을 지도하여 한국불교의 새로운 전통을 확립하였다. 이때부터 송광사가 한국불교의 중심으로 각광받기 시작하였다. 그 동안 정유재란, 6·25 등 숱한 재난을 겪었으나 지속적인 중창불사로 지금의 위용을 갖출 수 있게 되었다.

海底燕巢鹿抱卵 | 해저연소녹포란 |
火中蛛室魚煎茶 | 화중주실어전다 |
此家消息誰能識 | 차가소식수능식 |
白雲西飛月東走 | 백운서비월동주 |

바다 밑 제비집에 사슴이 알을 품고
타는 불 속 거미집에 고기가 차를 다린다.
이 집안 소식을 뉘라서 알랴!
흰 구름은 서쪽으로 달은 동쪽으로.

• 화엄전 주련 •

화엄전에는 유명한 '송광사화엄전화엄탱松廣寺華嚴殿華嚴幀'이 있다. 비단 바탕에 채색하여 그린 그림으로, 『화엄경』의 7처9회七處九會의 설법내용을 그린 변상도이다. 이 화엄탱은 기본구성을 잘 보여주는 작품으로 구도構圖로 보면 상·하단 모두 법회장면이 거의 대칭을 이루고 있음을 알 수 있다. 짜임새 있는 구도와 더불어 황토색 바탕에 홍색과 녹색 및 금색을 사용하고, 각 회주인 보살형 노사나불의 영락에 고분법을 활용하여 장식함으로써 화면이 밝고 화려해지는 18세기 불화의 경향을 제대로 살필 수 있다. 한편 그림 아랫부분에는 보현보살이 대중들에게 비로자나불의 정토인 연화장세계의 모습을 설명하고 있는 『화엄경』 39품 중의 '화장세계품' 내용을 도해한 '연화장세계도'가 그려져 있어 주목된다. 그림에 대한 내력은 조선 영조 46년(1770)에 화련을 비롯한 12명의 승려화가들이 무등산 안심사에서 조성하여 이곳으로 옮겨졌음을 알 수 있다.

선문禪文을 이해하려면 우선 불교를 알아야 하고 선禪을 이해해야 한다. 불교는 직관적인 종교이다. 석가가 영산靈山 설법에서 말없이 꽃을 들자, 제자인 가섭迦葉이 그 뜻을 알았다는 데서 연유한 것으로, 이심전심以心傳心·불립문자不立文字의 종지宗旨가 바로 불교이다. 이를 알아야만 선문을 이해할 수 있다. 바다 밑에는 제비집이 존재할 수 없다. 하지만 불교의식의 바탕 안에는 분명히 바다 밑에 제비집이

석가가 영산(靈山) 설법에서 말없이 꽃을 들자, 제자인 가섭(迦葉)이 그 뜻을 알았다. 이것이 이심전심(以心傳心)이요 · 불립문자(不立文字)이다. 이 종지(宗旨)가 바로 불교이다.

존재한다. 또한 사슴이 알을 품고 불속 거미집에 고기가 차를 다린다. 이것은 바로 형상이 없는 격외格外의 소식에 다름 아니다. 존재하지 않지만 존재할 수 있는 불가사의한 불음佛音의 이치가 이 속에 들어 있다. 이것이 바로 성찰이며 깨달음이다.

집안 소식이란 격외의 소식을 말한다. 바다 밑에 제비가 살고 제비집에 사슴이 알을 품고 있는 것은 도저히 생각할 수 없다. 하지만 이 무한의 힘을 가진 것이 바로 불교사상이다. 우리가 살고 있는 이 세상이 말로 표현할 수 없는 신비한 세상이듯이 불가의 뜻 또한 깊다. 그렇다. 자연은 늘 그 신비한 이치 속에 격외의 말씀을 전하고 있음을 알아야 한다.

14 · 낙산사 홍련암

낙산사 홍련암

중도 · 관용으로
행복하라

세상을 살아가는 동안 참 많은 사람들을 만난다. 그 속에는 좋은 인연도 있고 나쁜 인연도 있다. 그렇다고 해서 매번 좋은 인연만을 만날 수 없고 매번 나쁜 인연만 만날 수도 없다. 세상에는 수많은 사람들이 살고 있으며 이 속에는 언제나 '미움과 사랑' 이 공존한다.

그래서 『법구경』에는 '사랑하는 마음을 갖지 말고 미워하는 마음도 갖지 말자. 사랑하는 사람은 못 만나 괴롭고 미워하는 사람은 자주 만나 괴롭다' 라고 하지 않았던가. 이와 같이 부처님은 '사랑과 미움' 이라는 두 개의 마음을 하나로 모아야 한다고 강조하셨는데 이것이 바로 '중도中道' 사상이다. 인간이 '중도의 마음' 을 가지기 위해서

반드시 버려야 할 것은 '집착'이다. 집착은 인간으로 하여금 탐욕과 증오를 불러일으키게 되는 원인이 되고 마침내 자기를 자제할 수 없는 늪으로 빠뜨리는 원인이 된다.

요즘 나는 신문을 보거나 뉴스를 듣는 것이 괴롭다. 날마다 죄의 온상이 판을 치고 정치인은 온전하게 자신의 일을 제대로 하지 못한다. 더욱이 북한의 핵核 때문에 불안한 날들이 이어지고 있고 그 와중에도 정치인들은 권력욕에만 눈이 멀어 제대로 상황을 파악하지 못하고 있다. 산중에 있는 산승山僧의 눈과 마음으로 가늠해도 그들의 무지와 타락이 한눈에 다 보이는 것 같다.

낙산사 홍련암은 강화도 보문사, 남해 보리암과 더불어 3대 관음 기도도량으로 유명한 곳으로 파랑새의 전설이 방문객의 마음을 사로잡는다. 의상대사는 먼 천리 길 경주에서 관음보살을 친견하기 위해 동해의 바닷가인 이곳에 왔다가 파랑새가 굴로 들어가는 것을 보고 이상하게 여겨 7일 동안 밤낮으로 기도를 하였다가 바다에 붉은 연꽃이 피고 그 위에 선 관음보살을 만났다고 한다. 그리하여 그 자리에 암자를 지었는데 이곳이 홍련암이다.

통도사의 경봉 스님도 이곳에서 수행을 하다가 꿈속에서 백의관음보살을 만났다고 한다. 그때 스님은 '조사선祖師禪'을 체험한 기념으로 의상대에 소나무 한 그루를 심었다.

텅 빈 누각에 달이 밝아 나그네 발길 더디니

이 흥취에 어찌 읊지 않을 수가 있겠는가

조도祖道의 풍광風光을 이제야 알겠다

흰 갈매기 물을 치자 붉은 해가 솟네.

라는 한 편의 선시禪詩를 남겼다. 그때 스님은 그 힘 있고 유연한 필체로 홍련암에 편액을 걸었다.

白衣觀音無說說 | 백의관음무설설 |
南巡童子不聞聞 | 남순동자불문문 |
瓶上綠楊三除夏 | 병상녹양삼제하 |
巖前翠竹十方春 | 암전취죽시방춘 |

흰 옷 입은 관음은 말없이 말하고

남순동자는 들음 없이 듣도다.

꽃병 위의 버들 항상 여름인데

바위 위의 대나무는 시방 봄이다.

• 홍련암 주련 •

홍련암 법당 마루에는 크기 8cm 정도의 정사각형 형태의 특이한 구멍이 뚫려 있다. 이곳으로 절벽과 파도치는 모습을 함께 볼 수가 있다. 의상대사가 672년 이 절을 창건한 이래 단 한 번도 이 구멍을 막아 본적이 없다. 세간에서는 여러 가지 설이 있다. 목조 건물에는 소금기가 있는 물이 치명적이라고 한다. 그런데 바다의 해풍을 막지 않고 오히려 구멍을 뚫어 놓은 까닭에 대해 많은 의문을 제시하기도 한다. 『삼국유사』에서는 이 구멍에 대해 의상 대사가 친견했다는 관음보살을 후세 사람들도 보게 하기 위해 뚫었다는 설이 있으며 의상대사에게 여의주를 바친 용이 홍련암의 불법을 들을 수 있게 하기 위해서 구멍을 뚫었다는 주장도 있다.

요즈음에는 한 동양종교학과 교수에 의해 꽤 설득력 있는 주장이 나오고 있다. 이 구멍은 다름 아닌 스님들이 해조음을 들음으로서 깨달음을 얻는 하나의 장치에 불과하다는 말이다. 다시 말해 수행을 돕기 위해 뚫은 것에 지나지 않는다는 뜻이다.

파도소리를 두고 불가에서는 해조음海潮音이라고 부른다. 불서인 『능엄경』에서는 관음보살의 수행법인 이근원통耳根圓通인 '진정한 삼매는 들음으로써 들어간다' 고 설명하고 있는데 수행하는 사람이 들어야 할 소리 중, 가장 귀중한 네 가지는 묘음, 관세음, 법음, 그리고 해조음이라고 밝히고 있다. 원래 이 구멍의 크기는 30cm 가량이었다. 그러나 90년대 사람이 빠질 수 있는 위험이 있다는 이유로 지금

낙산사 홍련암은 강화도 보문사, 남해 보리암과 더불어 3대 관음기도도량으로 유명한 곳으로 파랑새의 전설이 방문객의 마음을 사로잡는다.

처럼 8cm로 줄였다고 한다.

　백의관음보살은 중생이 괴로울 때 그 이름을 외우면 곧 자비로써 사람들의 고뇌를 없애고 구원해 주는 자비의 보살이다. 구원을 구하는 사람에 따라 여러 가지 모습으로 나타나는데, 이를 '보문시현'이라고 하고, 나타나는 형태에 따라 천수, 십일면, 여의륜, 준제, 마두 등의 이름이 있는 보살이다. 남순동자는 관세음보살의 왼쪽에 있는 보처존補處尊이다. 백의관음보살과 남순동자는 입과 귀를 초월한 절대경지에서 '법 아닌 법'을 '들음 없이 듣는' 것을 묘사하고 있다. 그 자비의 무한성은 인간의 감각을 초월한다. 여기에는 부처님이 말씀하시는 '중도와 관용과 사랑'이 숨겨져 있다.

　꽃병 안에 있는 꽃은 죽어 흘러가는 세월을 온전히 받아들이지 못한다. 그러나 바위 위에 살아 있는 대나무는 온몸으로 세월을 견디며 산다. 마치 꺾여 죽은 꽃은 세월을 지탱할 수 없지만 살아 있는 식물은 세월을 온전하게 버틴다는 것과 같은 이치다. 늘 푸른 대나무의 생명력은 중생 모두에게 내장된 불성인 것이다.

　홍련암 주련 속에 숨겨져 있는 뜻은 '말하고 들음이 없는 무상無相의 세월 속에서도 백의관음보살은 중생에게 항상 자비를 베풀고 있다'이다.

15 · 운길산 수종사

운길산 수종사

남김 없는 깨달음을 얻은 이여

얼마 전, 내가 거처 하고 있는 봉국사 공양 간에 노숙자 몇이 밥을 얻어 먹으러 온 적이 있었다. 공양주 보살은 때마침 대중과 신도들이 공양 중이라 그들에게 식사를 다 마친 뒤에 오라고 했다. 노숙자들은 대낮인데도 술에 취한 듯 몸을 비틀거리면서 공양주의 말에도 아랑곳 하지 않고 입에 담지 못할 욕설을 해댔다. 자신들을 일반신도들과 차별한다는 게 그 이유였다. 나는 이를 지켜보다가 공양주에게 음식을 주라고 말했다. 국과 밥을 손에 쥔 그들은 이내 조용해졌다. 그들을 바라보면서 한동안 가슴이 못내 아려왔다.

  절에서 공양주를 하는 보살도 여간 힘든 게 아니다. 날마다 끼니때

수종사는 북한강과 남한강이 만나는 운길산 꼭대기에 구름처럼 앉아 있는 사찰로서 신라시대 때 세워진 절이다. 두툼한 편액이 매우 독특하다.

가 되면 찾아오는 노숙자에게 한 그릇의 국과 밥을 퍼주는 일은 쉬운 일인 것 같지만 사실 아니다. 수많은 대중과 신도들의 눈치를 살펴야 하고 더구나 공양 시간을 맞추어 음식을 지어야 하는 공양주의 소임은 절에서 가장 고달픈 직책이라 할 수 있다.

배고픈 이에게 밥을 지어 먹여 주는 공덕보다 더 큰 공덕은 없다. 사람이 깨달음의 도를 얻기 위해서는 그만큼의 공덕을 쌓아야 하는데 공덕이 없는 사람이 도를 깨치려면 마장魔障에 시달려야 한다. 그래서 불가에서는 마장으로부터 벗어나기 위해 먼저 공양주를 자처하는 스님들도 있다. 함께 지내는 도반들의 밥을 퍼주다가 보면 그 공덕으로 인해 도道도 빨리 이룰 수 있다고 보기 때문이다. 요즘은 큰절이 아니고는 공양주를 자처하는 스님들을 보기가 힘들어 공양주를 주로 신도나 보살들이 대신한다. 그런데 사찰의 공양주가 노숙자들에게 시달리는 것을 많이 보게 된다. 더구나 도심에 가까운 사찰일수록 끼니때가 되면 노숙자들이 많이 찾아온다.

오늘날 경제가 어려워지고 실직자가 많이 늘어나 노숙자도 급증하고 있다. 이들에게 따뜻한 밥과 국 한 그릇을 주는 것은 사실, 아무것도 아니다. 그들이 빨리 사회 속으로 되돌아가 자신의 일을 할 수 있도록 해주는 정부의 정책이 아쉽다. 실질적으로 정책을 실행하는 사람들은 책상에 앉아 행정을 하기 때문에 세상의 구석진 면을 제대로 보지 못한다. 귀와 눈을 닫아 놓고 탁상공론만 펼치는 그들에게 노숙자들이 먹는 따뜻한 한 그릇의 밥과 국의 의미를 이야기한다면 어불성설이 될까? 그들의 행정이 정말 실질적인 도움이 되어 사찰에 있는 공양주의 힘든 마음도 들어 주기를 간절히 빌어 본다.

운길산 수종사의 응진전에 담긴 오백아라한님의 이야기는 바로 남을 위해 희생하며 살고 있는 공양주와 다름이 없다. 수종사는 북한강과 남한강이 만나는 운길산 꼭대기에 구름처럼 앉아 있는 사찰로서 신라시대 때 세워진 절이다. 고려를 세운 왕건이 상서로운 기운을 쫓다가 이곳에 이르러 동종銅鐘을 얻어 마침내 고려를 건국했다는 전설이 전해지고 있으며, 세종의 여섯 째 아들인 금성대군이 정의옹주의 부도를 세운 사찰이기도 하다.

다산 정약용은 『수종사기』에서 '수종사는 신라 때 지은 고찰인데 절에는 샘이 있어 돌 틈으로 물이 흘러나와 땅에 떨어지면서 종소리를 낸다. 그래서 수종사라고 불렀다' 고 밝히고 있다. 당시 다성茶聖으로 추앙받은 초의선사는 양주에 낙향해 있었던 다산을 찾아가 수종사에서 함께 차를 마셨다고 한다. '보성들녘에서 자란 차로 수종에서 향을 내다' 라는 말도 여기에서 유래된 것이다. 또, 세조가 지병을 치료하기 위해 강원도 오대산에 갔다가 남한강을 따라 환궁하는 도중, 용진강 이수두(지금의 양수리)에서 밤을 맞아 야경을 즐기고 있었는데 그때 운길산 쪽에서 문득 종소리가 들려 그 연유를 신하에게 알아보

라고 했다. 원래, 천년고찰이 있었던 자리로 암굴暗窟에는 18나한이 앉아 있고, 바위틈에서 물이 떨어지는 소리가 마치 종소리처럼 들린다고 말했다.

이 이야기를 들은 세조는 절을 다시 짓고 수종사라 이름지었다. 수종사에는 오층석탑이 있다. 이 탑은 고려시대에 성행하던 팔각다층석탑의 양식을 충실히 계승한 조선초기의 석탑으로 안정된 균형미를 자랑한다. 특히 이 탑은 한강을 통한 문화전파의 경로를 추정하는데 중요한 자료가 되고 있다. 팔각형의 평면구조를 지니고 있으며 탑신석과 옥개석은 각각 하나의 석재로 구성되어 있다. 탑신석의 각 모서리에는 원형의 우주가 있고 각 면에는 사다리꼴의 액이 조성되어 있으며 옥개석의 하단에는 매 층 각형 3단의 받침이 있다. 정상에는 삼각형의 문양이 시문된 복발과 보주가 있다.

四向四果早圓成　| 사향사과조원성 |
三明六通悉具足　| 삼명육통실구족 |
密承我佛丁寧囑　| 밀승아불정녕촉 |
住世恒爲眞福田　| 주세항위진복전 |

사향과 사과를 일찍 원만히 이루시고
삼명과 육신 통을 모두 갖추셨다.

은밀히 부처님의 고구정녕하신 부촉을 받아

세상에 머무르며 항상 참된 복전을 일구네.

• 응진전 주련 •

응진전 주련의 내용은 부처님의 제자인 오백아라한을 찬양하는 게송이다. 성문사과聲聞四果는 수다원과, 사다함과, 아나함과, 아라한과를 말하는데 수행자가 도달할 수 있는 최고의 경지가 아라한과이다. 수행을 완수하여 모든 번뇌를 끊고 다시 생사의 세계로 윤회하지 않는 자리로서 소승불교의 궁극에 이른 진리에 대한 의심 따위를 버리고 성자의 무리에 들어가는 성문聲聞의 첫 번째 지위가 사향四向, 사과四果, 삼명三明을 남김없이 구족한 아라한이다.

사향이란 소승불교에서 수도하여 깨달음으로 들어가는 네 가지 품계를 말하는데 수행의 기초단계인 견도향見道向, 불교의 근본진리를 명료하게 지켜보는 눈을 얻는 단계인 정류향頂流向, 육계의 모든 미혹함을 끊는 단계인 일래향一來向, 육계의 9품 수품 가운데 7품을 끊었지만 아직 1품이 남아 있는 단계인 불환향不還向이다.

삼명이란 부처님과 아라한들만이 일반인들이 귀로 못 듣는 것을 들을 수 있는 천이통, 타인의 마음을 자유자재하게 하는 타심통, 경계를 변신하여 출몰을 자유자재하게 하는 신족통, 과거 세상의 생사를 자유자재하게 하는 숙명통, 육안으로 못 보는 것을 보는 천안통,

자유자재하게 번뇌를 끊는 누진통 중 '숙명통, 천안통, 누진통'을 말한다. 과거의 업상과 인연을 알아 내세의 상相을 명확히 하며 현재의 상을 깨달아 일체의 번뇌를 끊어 버리는 것을 말한다. 이 모든 것을 원만히 구족한 이가 아라한이다.

이 분들은 은밀하게 부처님의 고구정녕하신 부촉을 받아 세상에 머물러 항상 참된 복전을 일군다. 부처님은 오백아라한들에게 중생들에게 복전이 되도록 아무도 몰래 간절하게 입이 쓰도록 정녕촉丁寧囑(신신당부)하셨던 것이다. 그 덕택으로 오늘날에도 오백아라한님들은 우리 주변에서 중생들을 보살피고 있다는 것을 알아야 한다. 그가 바로 공양주이며, 절 마당을 쓸고 있는 저 사미승이다.

꽃살문이 아름답다. 인간은 누구나 다 겁생래(多怯生來)를 살아오면서 수없이 많은 죄를 지어 왔다. 그러므로 방 안과 밖의 세상에 모든 인간의 업이 담겨져 있다.

16 · 봉미산 신륵사

봉미산 신륵사

있는 그대로 보면 된다

전국의 많은 사찰에서는 물질만능주의 세상을 살아가고 있는 현대인들에게 정신적·육체적 삶의 해방감을 조금이라도 맛보게 하기 위해 템플스테이를 실시하고 있다. 찌든 일상을 벗어나 마음의 평안을 위해 한번쯤 참여해보는 것도 좋으리라 싶다.

인간이 종교를 믿는 가장 근본적인 이유는 몸과 마음을 건강하게 유지하여 보다 나은 삶과 정신적 안락을 구해 장수하기 위해서이다. 오늘날 종교 또한 이념과 구도를 넘어서서 한 개인이 정신적, 육체적으로 건강하게 살기 위한 방편으로 바뀌고 있다.

인간의 장수는 오복五福 가운데 하나로 꼽힐 만큼 예로부터 동서양

을 막론하고 관심의 대상이다. 생명이 있는 존재들이 본능적으로 가지고 있는 것은 오래살고 싶다는 욕망이다. 예로부터 장수하는 사람들은 사는 것에 대한 집착을 버리고 마음을 편하게 하면서 자신의 형편과 분수에 맞게 적절하게 섭생을 조절하며 산 사람들이다.

백 년 전 영국의 유명한 의학자가 있었다. 그는 임종이 다가오자 가족을 모아놓고 밀봉한 상자를 건네주며 유언을 남겼다.

"이 상자 안에는 내가 평생 동안 연구한 '무병장수의 비결'이 들어 있다. 그렇지만 지금 공개하지 말라. 은행금고에 보관하되 어느 때인가 세상에 공개할 임자가 나타나면 그때 이 열쇠를 건네주어라."

그 후 몇 년이 지나 어떤 사람이 찾아왔다. 그는 당대의 부자였지만 몸이 병약해 고민을 거듭하다가 마침내 유명한 의학자가 장수의 비결에 대한 유언을 남겼다는 소문을 듣고 찾아왔던 것이다. 그는 그 상자를 열어 보기 전 이렇게 말했다.

"내가 평생 모은 재산의 절반을 고인의 기념사업과 의학발전을 위해 내놓을 테니 그 유언상자를 양도해줄 수 있겠습니까?"

가족들은 상의 끝에 고인이 말한 상자의 임자가 바로 이 사람임을 알고 열쇠를 건네주었다. 많은 사람들이 호기심어린 눈으로 지켜보는 가운데 마침내 상자가 열렸다. 부호는 겹겹이 싸인 흰 보자기 속에서 노트 한 권을 꺼내었다. 거기에는 다음과 구절이 적혀 있었다.

여주 신륵사는 남한강을 끼고 있는 아름다운 천년고찰이다. 달이 뜨면 그림자가 강에 거꾸로 걸려있고 등불 빛에 비친 강물은 유유히 흐른다.

신륵사 일주문. 봄에는 꽃이 피고 가을에는 달 밝고 여름에는 바람 불고 겨울에는 눈 내리네.

"내가 일생을 바쳐 의학연구를 하여 얻은 장수에 대한 비결은 오직 다음 한 구절에 불과하다. 모든 병의 원인은 음식을 잘못 섭취하는 것에서 연유한다. 그러니 음식을 되도록 적게 먹고 잘 씹어 먹어 위가 언제나 만복이 되지 않도록 하라. 또한 머리는 차갑게 하고, 발은 따뜻하게 하라. 이것이 건강의 지름길이다. 이대로 실천하면 만병을 물리칠 수 있을 것이다. 그러니 부질없이 불로양생을 찾기 위해 헛되이 시간과 노력을 낭비하지 말라."

많은 돈을 들여 유언상자를 사들인 부호는 노트에 기록되어 있는 그대로 실천하여 그 후 건강한 일생을 보내게 되었다는 이야기이다. 무병장수의 비결은 이처럼 쉽고도 가까운데 있다. 사찰의 템플스테이를 찾아가 보면 소식하는 소욕지족의 삶을 통해 어쩌면, 오래 사는 비결을 스스로 체득할 수 있을지도 모른다.

여주 신륵사는 아름다운 남한강을 끼고 있는 천년고찰로서 중요문화재인 보물이 많아 시민들이 많이 찾는 명승지다. 아미타부처님을 주존主尊으로 모시고 있는 극락보전은 조선 후기 건물이다. 양식적으로 보면 앞면과 옆면 각 세 칸의 팔작지붕으로 자연석의 주춧돌 위에 흘림기둥을 세우고 다포식 공법으로 지었는데 극락보전의 주련은 근대 서예가인 성당惺堂 김돈희金敦熙의 글씨다.

극락보전 앞 다층석탑(보물 제225호)은 조선 초기의 탑으로 몸체 사면에 구름무늬와 용무늬가 새겨져 있는 뛰어난 대리석의 조각품이다. 조사당에 모셔져 있는 석종부도(보물 제228호)는 나옹 선사의 사리를 봉안한 것으로 봉 모양을 닮았다. 석종비(보물 제229호)는 나옹 선사의 내용을 기록한 것으로, 비문은 목은 이색이 짓고 한유가 글을 썼으며 이인중이 새겼다고 한다.

석등은 팔각 기단基壇부 위에 팔각의 화사석과 옥개를 얹고 그 꼭대기에 보주를 올렸다. 각 우주에는 용을 양각하였고, 각 면에는 선線을 나타낸 창문이 여덟 개 있으며 창구窓口마다 비천상이 있다. 석등은 인간의 어두운 마음을 밝혀주는 연등의 상징적 의미를 지니고 있다. 이색은 나옹의 비문에서 '보리의 몸은 이미 화장을 하였건만 강물과 달은 지난날과 다름이 없구나. 이제 신륵이 장강에 임하여 있고 석종이 거기에 우뚝 솟아 있어 달이 뜨면 그림자가 강에 거꾸로 걸려 있고 물빛은 등불 빛 같고, 무럭무럭 타오르는 향기만 그 속에 엉겼으니 이른바 강월헌이로다. 비록 한없는 세월이 흐른다 해도 마치 보리가 살아 있는 것만 같구나' 하고 읊었다.

具足神通力　| 구족신통력 |
廣修智方便　| 광수지방편 |
十方諸國土　| 시방제국토 |
無剎不現身　| 무찰불현신 |

다층석탑(보물 제225호)은 조선 초기의 탑으로 몸체 사면에 구름무늬와 용무늬가 새겨져 있는 뛰어난 대리석의 조각품이다.

> 부처님은 신통력을 갖추시고
>
> 광대하게 지혜와 방편을 펼쳐서
>
> 시방세계와 전 국토 어느 곳이든
>
> 그 몸 나타나지 않는 곳이 없네.
>
> • 극락보전 주련 •

신륵사 극락보전에 새겨져 있는 주련은 위대한 부처님의 신통력을 한눈에 보여준다. 원래 부처님의 방편은 인간의 지혜로서는 다 헤아릴 수 없이 무궁무진하다. 그럼 부처님의 방편이란 무엇일까?

'즉심시불卽心是佛'이라는 말이 있다. 이 말은 '마음이 곧 부처이다'라는 뜻이다. 사람은 내가 가진 마음이 부처인데 이를 자신이 잘 다스리지 못해 마라魔羅가 되고 만다. 그래서 옛날 조사 스님들은 이렇게 말했다.

> 봄에는 꽃이 피고
>
> 가을에는 달 밝고
>
> 여름에는 바람 불고
>
> 겨울에는 눈 내리네.
>
> 쓸데없는 생각만 마음에 두지 않으면

인간사는 한결같이 호시절이 되리라.

즉 '있는 그대로'의 마음을 가지고 사는 사람만이 부처님이 가지고 있는 지혜의 신통력을 가질 수가 있다는 말씀이다. 이와 달리 인간이 괴롭고 힘든 것은 오직 자신이 지어내는 마음을 잘 다스리지 못하고 시비·분별을 일삼음으로써 사랑하고 미워하는 마음을 내기 때문이다.

이런 사람은 자신이 가진 부처의 지혜를 잘 사용할 수 없다. 실로 가슴을 울리는 진리라고 하겠다. 우리가 그토록 만나기를 원하는 부처님은 시방세계, 모든 국토 어느 곳에서든 있다. 저녁에 바라보는 달빛, 별빛은 물론, 길을 가다 만나는 풀꽃조차 모두 부처이며 또한 내 곁에 있는 소중한 남편과 아내, 자식, 친구들도 모두 부처이다.

그러므로 내 마음이 부처가 되면 내가 만나는 이 우주의 모든 것들이 부처가 되고 내가 마귀가 되면, 그들도 마귀가 될 수 있는 게 이 세상이라는 말이다. 이와 같이 부처는 멀리 있는 게 아니라 내 마음속에 있다. 신륵사 극락보전에 새겨져 있는 주련의 의미는 바로 여기에 있다.

17 · 금정산 범어사

금정산 범어사

망상의 문은 닫고 들어오라

여름휴가 때 사찰의 템플스테이에 참석, 참선을 통해 자기의 몸과 마음을 깨끗이 닦아 자신을 새롭게 발견하는 것도 매우 유익한 일이 아닐까 싶다. 요즘, 우리나라 서구西歐에서 급격하게 관심을 두고 있는 것 중 하나가 참선이나 요가 같은 명상수행이다.

참선參禪은 일찍이 석가모니 부처님께서 무상정등정각無上正等正覺을 이루시고 난 뒤, 제자들에게 직접 제시한 확실한 깨달음의 정로正路이다. 내적으로 참다운 자기의 실체인 '본래심本來心'으로 돌아가 마음자리를 청정하게 유지하고, 이를 닦아 활용하는 수행법이다.

참선은 인도의 전통적 수행인 요가에서 시작 중국으로 건너 왔다.

그 후 달마와 혜능 선사의 제자들에게 이심전심으로 깨우침을 얻게 되는 조사선祖師禪으로 이어지고, 훗날 스승으로부터 주어진 공안을 상량 참구하는 간화선으로 발전하여 오늘날 불교의 정신세계를 이루는 근간이 되었다.

그러나 오늘날은 임제종 계통의 간화선 수행의 전통이 면면히 이어져오고 있으나, 참선은 대다수의 초심자들이 접근하기에는 그리 용이하지는 않는 수행법이다. 어떻든 요즘 사찰 템플스테이에 참선 수행프로그램이 마련되어 있어 많은 불자들의 흥미를 끌고 있는 것은 매우 고무적이다.

참선에는 많은 관법이 있다. 그 중에서도 인간의 탐진치 삼독심을 없애는데 필요한 소승불교의 기초적 선수행인 '오정심관 五停心觀'은 참선수행에 관심을 갖는 많은 불자나 일반인에게 선禪의 좋은 안내자이다.

첫째, 부정관不淨觀은 백골관白骨觀이라고도 하며 이는 사대四大로 이루어진 육신이 무상하여 다 썩고 문드러져 더럽고 추한 모습을 관하여 육체에 대한 탐욕심을 제거하는 관법觀法이다.

둘째, 자비관慈悲觀은 중생의 고통스런 삶을 관찰하여 타인에게 무한한 자비심을 내어 분노심을 제거하는 관법이다.

셋째, 인연관因緣觀은 삼라만상 모두가 인연생멸因緣生滅하기 때문에 욕심내고 성냄이 다 부질없음을 알아내고 그러한 치심癡心을 제거

하는 관법이라고 할 수 있다.

　넷째, 수식관數息觀을 들 수 있는데 번뇌, 망상의 일어남을 막고 마음을 안정시키기 위해 자신의 숨을 고르게 하고, 들숨과 날숨을 쉬면서 호흡에 집중하는 관법이다. 이는 초심 수행자가 가장 많이 하는 참선법이다.

　다섯째, 계분별관界分別觀은 인간과 세계를 구성하는 사대 지수화풍地水火風과 육근인 안이비설신의眼耳鼻舌身意 등 일체가 모두 무상함을 깨닫는 관법이다. 그리하여 나도 공空하고 나의 것이라는 것도 아소공我所空하고, 온 우주도 모두 공하다는 법공法空을 깨닫게 된다.

　범어사梵魚寺는 한국불교에 있어서 빼놓을 수 없는 선찰대본산禪刹大本山이다. 원래 의상대사가 창건한 화엄십찰華嚴十刹 가운데 한 곳이었으나 임진왜란 때 전소되어 그 후 큰스님들이 나오면서 중창, 선풍을 진작시켜 1913년 선찰로 바뀌었다.

　비로전에는 화엄종의 주불인 비로자나불이 모셔져 있다. 비로자나불은 법신불法身佛로서 청정법신이다. 범어사는 그 가람배치에 있어 교종과 선종을 아우르는 통불교적인 요소를 그대로 갖추고 있는 것이 특징이다.

　영혼이 아름다운 사람은 법신에서 '법향法香이 난다' 고 한다. 범어사에는 그런 고귀한 선승들이 많다. 화엄십찰이 선찰대본산으로 바뀌게 된 것은 한국선불교의 중흥조였던 경허 스님 때문이다. 스님은

다리를 건너면 그곳이 극락이다. 중생들은 눈앞에 보이는 그 극락의 다리를 건너지 못하고 늘 중도에서 헤매고 있다.

1900년 범어사에 선원을 개설하여 수선결사를 주도, 새로운 선수행 禪修行 풍토를 조성하였는데 그 뒤를 이어 용성, 성월, 동산 스님이 범어사 각 암자에 선원을 창설하여 많은 선승들을 배출 양성하였다. 그 때부터 범어사는 한국불교의 선찰대본산으로 자리잡게 되었다.

선불교 운동이 일어나게 된 계기는 일제하에 있었던 외척불교에 대한 저항운동 때문이었다. 일본은 조선을 강점한 후 민족적 정기를 끊기 위해 승려들을 결혼시켜 막식막행莫食莫行을 일삼도록 방조했다. 이때 큰스님들은 사상적, 신앙적으로 피폐된 조선불교계의 현실을 바로 잡고 전통조선불교를 수호하기 위해 선불교 운동을 범어사 중심으로 일으켰다.

특히 범어사 선승들은 선학원과 선우공제회 창립 때 주도적 역할을 맡으면서 선불교 중흥을 꾀하고 일본의 한국불교 말살정책에 강력하게 대응했다. 뿐만 아니라 각 지역에 포교당을 설치하여 불교진흥운동과 근대교육 및 계몽운동에 앞장서는 등 수행과 교육, 포교 분야에서 선구적인 역할을 담당했다.

3·1 운동 때는 이곳에서 수행하던 승려들이 '범어사 학림의거' 라는 독립만세운동을 일으켰고 전국에서 쓸 태극기를 범어사 암자에서 만들었다. 또한 상해 임시정부에 독립자금을 몰래 보내는 등 다양한 독립운동을 전개하였던 곳이다. 해방 이후 범어사에서 배출한 선지식들은 일본불교의 잔재를 청산하고 한국불교의 전통과 정통성을 세

우기 위해 정화운동을 이끈 주역이었다.

범어사가 크게 중창하게 된 것은 조선 광해군 때와 숙종 때다. 범어사 입구에 들어서면 가장 먼저 눈에 보이는 것은 조계문祖溪門인데 이 문은 일주문을 대신한다. 조선시대 중기 다포식 가구의 전형적인 양식을 지니고 있는 보물 제1461 호이다.

불이문은 천왕문과 함께 창건한 건물이다. 앞면 3칸, 옆면 1칸의 작은 규모로 겹처마의 맞배지붕이다. 낮은 기단 위에 원통형의 초석을 놓고 두리기둥을 세웠으며, 공포는 내외 2출목의 주심포 양식으로 전체적으로 조선시대 후기의 모습을 계승하고 있는 건물이다. 기둥에 적힌 주련은 근·현대의 대표적인 선승인 동산 스님이 써서 걸었다.

神光不昧萬古徽猷　| 신광불매만고휘유 |
入此門來莫存知解　| 입차문래막존지해 |

신기로운 광명 끊이지 않아 오랜 세월 아름답네
이 문을 들어 오거든 망상을 피우지 말라.

•범어사 불이문•

'신광불매만고휘유'의 신광神光이란 부처님의 위대한 '팔만사천법문'을 가리킨다. 이것은 만고의 아름다운 진리이다. 그러므로 '입

차문래막존지해' 이 문을 들어서는 순간에는 세상의 망상인 모든 알음알이를 버리라는 뜻이다. 역으로 말해, 곧 부처님이 계신 이곳을 들어서고 나갈 때는 세상의 모든 시름과 망상을 놓고 가라는 경구經句이다.

현대사회는 지식의 홍수로 인해 인간의 두뇌가 어지럽다. 이러한 지식들은 한갓 망상에 지나지 않는다. 이젠 머리와 마음속에 든 삿된 거짓과 망상들을 지우는 것도 이 세상을 평온하게 살아가는 하나의 방법이다.

부처님이 바라볼 때 중생은 한갓 바다에 노니는 물고기와 같고 산에 뛰노는 노루와 같다. 그래서 부처님은 가엾은 중생들을 위해 널리 보제普濟를 행하였던 것이다. 부처님의 '팔만사천법문'은 중생을 고통에서 건져주는 약방문과 같고 피안彼岸으로 강을 건네게 하는 뗏목과 같다. 부처님은 중생을 너무나 사랑하는 의사이자 뱃사공, 아버지 같은 스승이 아닐 수 없다.

18 · 동악산 도림사

동악산 도림사

인과의 이치를 믿고 깨달아라

'당신은 오늘 어떤 마음으로 절에 오는가.' 나는 가끔, 절에 오는 불자들에게 이런 질문을 던질 때가 있다. 그러면 대개 불자들은 가족들의 건강과 복을 구하기 위해 온다고 대답한다. 그럴 때면 적잖이 실망할 때가 있다. 물론, 집안의 평안을 위해 절에 오는 것은 만류할 수 없다.

우리 불자들은 그저 절에 가서 부처님께 내 가족 잘 되게 해 달라고 향하나 사르고 절 한 번 하면 다 잘 될 것이라고 생각한다. 절은 그런 곳이 아니다. 불교는 복을 구하기 위해 믿는 게 아니라 마음을 닦고 수행하는 종교다. 오늘날 불자들은 참 생명의 길을 열어 보이신

보광전에 담긴 주련은 마음이다. 자신을 제도하지 못하는 인간의 어리석음을 담고 있다. 마음의 달은 어디서 오는 것도 아니고 누가 주는 것도 아니다. 원래 있는 것이며 칠팔월 장마에 운무가 잠시 흩어진 사이 보이는 빛이 여우 빛이다.

부처님의 고마움과 불법을 전하는 그 기쁨을 제대로 모른다는 느낌이다. 부처님이 우리에게 가르친 것은 그런 기복祈福 신앙이 아니라 복을 지어 받는 작복作福 신앙이다. 그런데도 불구하고 불자들은 무조건 복을 구하기 위해 절을 찾는 것 같다. 그런 의미에서 보면 절들은 모두 기복 신앙의 원천인 것 같은 느낌마저 든다. 심지어 기도와 독경을 열심히 하면서도 기실, 그것이 자신을 구제하고 제도하기 위한 것이 아니라 엉뚱하게도, 가족의 평안을 위해서라고 대답한다. 물론, 이것도 틀린 말은 아니다. 하지만 내가 원하는 답은 그것이 아니다. 부처님의 참뜻을 제대로 알지 못하고 절을 찾아서 기도하고 독경하는 것이 그저 안타까울 따름이다.

세상에서 나를 구제하고 제도할 사람은 오직 나뿐이다. 어느 누구도 나를 구제하고 제도할 사람은 없다. 남편도 아내도 자식도 아니다. 그래서 부처님께서는 우리들에게 자기 자신을 구제할 방법을 가르쳐 주셨는데 그것은 바로 견성성불이며 또한 그 방법을 증득하고 깨달음을 구해주기 위해 하신 말씀이 '팔만사천법문'이다. 이것이 우리가 불교를 믿고 따르는 궁극적인 이유이다. 하지만 이를 아무리 많이 듣는다 해도, 믿음을 가지고 몸소 실천하지 않으면 아무런 소용이 없다.

우리는 금생에 성불할 좋은 기회를 만났다. 몸 받기 어려운 사람으로 태어났으며 불법을 만났기 때문이다. 그러나 사람의 몸을 받고 불

발아래 놓인 고무신의 가지런함을 보아라. 그것이 너의 마음이며 너의 몸이다.

법을 만났어도 열심히 정진 수행하지 않는다면 내생에는 삼악도三惡道로 떨어질 수 있다. 그러기 위해서는 반드시 열심히 공부를 하여 나의 본래모습인 자성을 찾아야만 생사윤회에서 해탈을 할 수가 있다. 그러므로 설사 금생에 이루지 못하더라도 언젠가는 깨달을 수 있다는 강한 믿음을 가지고 정진해야만 한다.

불교의 진리는 '인과의 이치' 에 있다. 이를 깨달아 선하고 착하게 살아 복을 많이 지어 행복한 삶을 설계해야 한다. 우리 속담에 '흐르는 물은 그냥 두어도 흐르듯이 죄는 지은 대로 가고 공은 닦은 대로 간다' 는 말이 있다. 이와 같이 우리들은 반드시 인과의 이치를 믿고 깨달아야 한다. 지금 우리가 찰나찰나 일으키는 모든 생각들은 미래의 내 인생이 만들어지는 원인이 된다.

부처가 되려면 부처님이 살아오신 삶을 닮으면 된다. 부처님의 지혜를 깨닫는 것 그것이 부처가 되는 길이다.

　　윤회전생의 이야기를 하는 것은 도림사 보광전의 주련 내용이 성불이기 때문이다. 도림사는 전라도 곡성 동악산 청류동 계곡에 자리잡고 있다. 수목이 울창하고 산세가 아름답고 계곡의 맑은 물이 속세의 먼지를 말끔히 씻어주고도 남음이 있을 정도로 청량한 곳이다. 신라시대 때 원효대사가 창건하고 876년(신라 헌강왕2) 도선 국사가 중창을 하였다고 전해지고 있는데 당시 도인들이 구름같이 모여들었다 하여 절 이름을 도림사라 했다. 이후 고려시대 때 지환대사가 삼창을 하였다.

　　원효대사가 이 산에 도림사를 창건할 때는 산이 움직이며 노래가 울려 퍼졌기 때문에 산 이름을 동악산動樂山이라고 부르게 되었다고 하는데 암릉과 암봉이 많은 이 산은 특이한 구조를 하고 있어서 구분

하기 어려울 만큼 불쑥 불쑥 솟아오른 봉우리들이 둘러쳐져 있다. 원효대사는 성출봉聖出峰 아래에 길상암을 짓고 원효골에서 도를 닦다가 잠이 들었다. 그 때 꿈에서 부처님과 십육아라한을 친견하고 잠에서 깨어났다. 이를 이상하게 여긴 원효대사는 즉시 성출봉에 올라가 보았더니 한 척 남짓한 아라한 석상들이 솟아났다. 이후 열일곱 번이나 성출봉을 오르내리면서 아라한 석상들을 길상암에 모셔 놓았는데 하루 여섯으로 나눈 염불독경의 시간인 육시六時만 되면 천상의 음악이 온 산에 울려 퍼졌다고 한다. 현재 도림사 응진전에 봉안된 아라한 상들은 당시의 것으로 전해지고 있다.

三界猶如汲井輪 | 삼계유여급정륜 |
百千萬劫歷微塵 | 백천만겁역미진 |
此身不向今生度 | 차신불향금생도 |
更待何生度此身 | 갱대하생도차신 |

삼계는 마치 우물의 두레 박처럼 돌고 돌아
백천 만겁의 한량없는 세월이 흘러갔다.
이제 이 몸 금생에서 제도하지 못하면
다시 어느 생을 기다려 제도할 것인가.

• 보광전 주련 •

세상에서 나를 구제하고 제도할 사람은 오직 나뿐이다. 어느 누구도 나를 구제하고 제도할 사람은 없다. 남편도 아내도 자식도 아니다.

삼계란 불교의 세계관에서 중생이 생사유전生死流轉한다는 욕계欲界·색계色界·무색계無色界의 3단계의 미망迷妄의 세계를 뜻한다. 욕계는 오관五官의 욕망이 존재하는 세계이며 색계는 욕계 위에 있는데 색계사선色界四禪이 행해지는 세계로, 여기에는 물질적인 것은 있어도 감관의 욕망을 떠난 청정淸淨의 세계이다. 무색계는 물질적인 것도 없어진 순수한 정신만의 세계를 말한다. 즉 무념무상의 정定 또는 삼매三昧로서 사무색정四無色定을 닦은 자가 태어나는 곳이다. 하지만 무색계는 색계 위에 있다고 할 수 없다. 따라서 삼계는 세간世間이라고도 하는, 중생이 육도六道에 생사 유전하는 범부계凡夫界를 말하는 것이다. 이러한 삼계는 마치 두레박이 우물에서 올라갔다 내려갔다 하는 것처럼 한량없는 세월을 끊임없이 돈다. 삼계를 사는 중생의 모습은 마치 우물물을 긷는 것 같이 보여 백천만겁의 한량없는 세월을 오르락내리락 윤회를 거듭한다는 것이다.

사람의 몸을 받고 불법을 만나 이번 생에 제도를 하지 못한다면 다음에는 어느 생을 기다려 제도를 할 것인가 하는 뜻이다. 참으로 오늘날 인간들이 가슴깊이 새겨야 할 경구이다.

옛날 고봉 스님은 깨달음에 대해 이렇게 말씀하셨다.

"심월心月은 어디서 오는 것도 아니고 누가 주는 것도 아니다. 원래 있는 것이며 칠팔월 장마에 운무가 잠시 흩어진 사이 보이는 빛이 여우 빛이다. 그 또한 심월인 듯 심월은 없어지는 것이 아니며 그것이 여래의 빛이다. 짐승인 개는 하늘의 달을 보고 해를 보라고 해도 발밑의 먹을 것만 찾는다. 삼척동자는 아버지가 달달 하면 손가락 끝의 달을 본다. 꼭꼭 숨어 있는 여래를 찾아라. 그것이 극락이고 도솔천이다. 반복적인 생활이 원칙이라 하더라도 인신난득人身難得(사람 몸 받기 어렵다) 불법난봉佛法難逢(불법 만나기 어렵다)이라 했다. 너의 마음을 찾아라."

이와 같이 가히 성불이란 바로 마음의 달을 찾는 것이 아니겠는가?

세상에는 흐르는 물과 고인 물이 있다. 흐르는 물은 맑고 새로워지지만 고인 물은 썩어 간다. 시간적으로 보면 흐른다는 것은 끊임없이 변화하고 진화한다는 것이며 고였다는 것은 변화하지 못하고 갇혀 있다. 부처의 지혜는 항상 흐른다.

19 · 호거산 운문사

호거산 운문사

대자대비에 귀의하고 행하라

석가모니부처님은 인류의 정로正路를 명시明示하셨으며 우주의 본체를 구명究明, 미신의 테두리를 벗어나 즉심시불卽心是佛의 사자후를 토하여 암흑천지를 밝혀주기 위해 불교를 창도創道하셨다.

'자기 자신을 믿어라. 그리고 자기 자신에 귀의하라.' 자신 이외의 신에게 의지한다거나 남을 의존하는 것은 결코 안 된다고 강력히 역설하셨다. '천상천하유아독존天上天下唯我獨尊'은 바로 이런 뜻을 확실히 명시하신 일대 혁명선언이 아닐 수 없다.

그러나 석가모니부처님의 대도大道가 오랜 세월이 흐르는 동안 요즘은 다소 변질된 것도 사실이다. 또한 그 방편方便의 가설假設들이

너무도 다양다색多樣多色하게 나타나 불교의 진수眞髓와 정로正路를 찾기가 매우 혼미해졌다. 불교가 여러 종파로 나누어져 있기 때문이다.

이런 와중에도 여러 곳에서 거의 매일 법회法會가 많이 열리고 있는 것은 그만큼 불교가 생활 깊숙이 자리하는 증거가 아니고 또 무엇이겠는가? 참으로 다행한 일이요 경복景福스러운 일이 아닐 수 없다. 그러나 요즘 불교는 옛날과 달리 스님뿐만 아니라, 다양한 계층에 있는 사람들도 깊은 교리를 전문성 있게 연구하여 이론상 또는 학술상으로는 매우 높은 수준에 있다. 이런 분들이 곳곳에서 불교를 전하고 있는 것이다.

이와 같이 현대불교는 대중화되어 있다. 하지만 아무런 비판과 분석조차 없이 그냥 발전현상이라고만 치부하기에는 뭔가 아쉬움이 남는다. 불교란 이론과 설명, 학술에 그 진가가 있는 것이 아니라 실천의 수행과 정견의 정진에 진실한 의의가 있기 때문이다. 이론이나 설명 따위는 실천의 수행과 정견의 정진을 하기 위해 그 바른 길을 찾는데 필요한 보조수단에 불과하다. 이론과 설명을 가지고 성불했다는 사실은 결코 있을 수 없으며 건혜乾慧나 지식知識만으로 해탈의 정상을 점거할 수는 절대 없다. 이를 우리 불자들이나 불교학자들은 명심해야 한다.

현대 불교는 참으로 다양해졌다. 매년 사찰들은 일반불자들을 단

운문사는 진흥왕 때 한 신승(神僧)이 북대암 옆 금수동에 작은 암자를 짓고 3년 동안 수도하여 도를 깨닫고 지인의 도움을 받아 지은 곳이다. 그 후 원광 국사가 중창, 화랑정신의 발원지가 되었다.

기 출가로 이끄는 행사를 하고 있으며, 사찰 템플스테이도 그 중의 하나이다. 심지어 불교TV에서는 『금강경』을 경제에 접목시켜 우승택은 '32개의 경제지표로 공부하는 금강경' 을 강의하고 있는 실정이다. 또한 김홍경의 '마음의학' 도 바로 불교적 관점에서 해석한 것이다. 이것은 불교 포교적 관점에서 볼 때 참으로 대단한 일이 아닐 수 없다. 이제 불교는 승가(僧家)의 전유물이 아니며 또한 고인 물처럼 불교도 한 곳에 갇혀 있어서는 안 된다는 것을 반증한다. 흐르는 물은 끊임없이 변화하고 진화한다. 고인 물은 썩기 마련이다.

불교도 끊임없이 발전하여야만 한다. 그러나 보다 중요한 것은 석가모니부처님의 근본 사상조차 변화되어서는 결코 안 된다는 것이다. 부처님의 근본 사상은 자비사상이다. 그리고 끝없는 자기 수행을 통한 성불이다. 이를 간과해서는 그 어떤 것도 이룰 수 없다는 사실이다. 이를 우리 불교계는 반드시 명심해야 한다.

운문사는 사적에 의하면, 진흥왕 때 한 신승(神僧)이 북대암 옆 금수동에 작은 암자를 짓고 3년 동안 수도하여 도를 깨닫고 지인의 도움을 받아 7년 동안 동쪽에 가슬 갑사, 서쪽에 대비 갑사(현, 대비사), 남쪽에 천문 갑사(현, 운문사), 북쪽에 소보 갑사를 짓고 중앙에 대작 갑사를 창건하였으나 현재 남아 있는 곳은 운문사와 대비사 뿐이다. 그 후 600년 원광 국사가 중창하였다고 전해지고 있다. 당

문명은 오직 두뇌와 지식만을 믿고 있기 때문에 가장 중요한 사람됨이 파괴되고 있다. 다행스럽게도 어머니와 같은 자비심을 가지신 관세음보살님이 곁에 있다.

시 그는 대작 갑사와 가슬 갑사에 머물면서 점찰법회를 열고, 화랑도인 추항과 귀산에게 세속오계를 내려줌으로써 화랑정신의 발원지가 되었다.

오갑사가 창건된 시기는 신라가 불교를 중흥하고 삼국통일을 위해 국력을 집중, 군비를 정비할 때였다. 이때 오갑사가 운문산 일대에 창건되고 화랑수련장이 만들어진다. 그것은 곧 신라가 서남일대 낙동강 유역으로 국력을 신장해가는 과정으로서 운문사 일대가 신라의 병참기지로 전략상의 요충지였기 때문이다.

그 후 당나라에서 유학하고 돌아와 후삼국의 통일을 위해 왕건을 도왔던 보양寶壤이 오갑사五岬寺를 중창하였다. 고려 태조 왕건이 보양의 공에 대한 보답으로 운문선사雲門禪寺라고 사액하였다. 조선 임진왜란 때 당우 일부가 소실되었다가 숙종 때 다시 보수되었다. 현재는 30여 동의 전각이 있는 큰 사찰로서의 면모를 갖추고 있다. 운문사는 1958년 불교정화운동 이후 비구니 전문강원을 개설했고, 1987년 승가대학으로 개칭되어 승려교육과 경전연구기관으로 수많은 수도승들을 배출하고 있다. 현재 많은 비구니 스님들이 이곳에서 경학을 수학하고, 계율을 수지봉행하고 있으며, '하루 일하지 않으면 하루 먹지 않는다'는 백장 청규를 철저히 실천하고 있다. 운문승가대학은 국내 승가대학 가운데 최대 규모의 학인수를 자랑하고 있다.

부처님은 '자유'와 '감옥' 사이에서 '자유'를 택한 성인(聖人)이다. 너는 자유를 택할 것인가 감옥을 택할 것인가.

瓶上綠楊三際夏　| 병상록양삼제하 |
巖前翠竹十方春　| 암전취죽시방춘 |
一葉紅蓮在海中　| 일엽홍련재해중 |
碧波深處現神通　| 벽파심처현신통 |

꽃병에 꽂힌 버들 언제나 여름인데

바위 위의 대나무는 시방 봄 일세

한 잎 연꽃은 바다 가운데 떠 있고

푸른 파도 깊은 곳에 신통으로 나타나시네.

• 관음전 주련 •

한 잎 연꽃처럼 빚어진 문살. 연꽃은 일체 중생들을 아끼고 사랑하는 '대성자모관세음보살님'의 상징이다.

꽃병 위에 꽂힌 꽃은 시들 뿐 변하지 않지만 사계는 항상 변화한다. 이러한 순환이 없다면 인간은 살 수 없다. 이 대자연의 법칙 속에서도 인간의 존재는 무기력하다. 하지만 부처님의 근본 사상은 늘 있는 그대로이다. 부처님의 가르침은 시간과 공간을 초월한다. 온 중생이 그 위대한 가르침을 실천할 때 불국토는 성취된다. 이 구절이 낯익은 독자도 있을 것이다. 낙산사 홍련암의 주련을 얘기할 때 음미해 본 구절이다.

관세음보살님은 한 잎 연꽃 바다 한가운데 떠 있고 언제나 정법, 상법을 두루 사바세계에 펼치면서 일체 중생들을 아끼고 사랑하는 '대성자모관세음보살님'이다. 여기에 어머니 '모母' 자가 들어가는 이유는 이 세상에서 가장 높고 가장 넓은 사랑을 베풀어 주시는 분이

어머니이기 때문이다. 말하자면 관세음보살님은 모든 중생들의 어머니인 것이다. 중생은 그 한량없는 대자대비에 귀의하고 또 스스로 그 대자대비를 베푸는 주체가 되어야 한다.

문명은 오직 두뇌와 지식만을 믿고 있기 때문에 가장 중요한 사람됨이 파괴되고 있다. 우리는 어쩌면, 미래에 아주 절박한 위기에 직면하게 될지도 모른다. 하지만 다행스럽게도 어머니와 같은 자비심을 가지신 관세음보살님이 곁에 있다. 이것이 바로 불교의 힘이다.

고요가 흐르는 산사에 서면 모든 세상 시름들이 다 달아난다. 그대 한번 쯤 그곳에 살고 싶지 않은가.

20. 단양 방곡사

단양 방곡사

끝없이 정진해 '대자유'를 얻으라

한국전쟁이 끝날 무렵인 1953년, 지리산 토벌대에 참여해 수많은 죽음을 곁에서 직접 목격한 사람이다. 당시 지리산의 한 초소에서 근무를 하고 있었는데 그때 빨치산의 습격으로 인해 대원들이 모두 죽고 나는 포로가 됐다.

동료 한 명과 함께 빨치산의 근거지인 지리산으로 끌려가는 도중, 천신만고 끝에 탈출했다. 그 후 시즙屍汁이 흐르는 죽음의 현장에서 진저리를 치다가 실상사 약수암에서 금오 스님을 만나 출가를 했다.

그때 만난 금오 스님의 눈빛은 참으로 형형했다. 그 자리에서 그동안 지리산에서 겪었던 이야기를 말씀드렸다. 당시 어린 나이로서는 견디기 힘든 죽음의 공포에 거의 매일 시달렸다. 그런 나에게 금오 스님은 이런 말씀을 하셨다.

"나고 죽는 것보다 큰 사건도 없지만 우주의 섭리에서 보면 이 또한 풀잎 위의 이슬처럼 허망한 것, 마땅히 대장부라면 수미산처럼 높은 깨달음을 얻어 생사해탈에 이르러야 한다. 청년이 만약, 번뇌의 망상에서 벗어나 대자유를 얻으려면 출가를 해야 한다. 절에 들어와 수행할 생각은 없는가?"

스님의 말씀이 귀에 즉각 와 닿지는 않았지만, 이상하게도 대자유라는 말에는 귀가 솔깃했다. 며칠 동안 고민을 하다가 결심을 하고 금오 스님을 찾아갔더니 나를 보시자 마자 "올 줄 알았다"고 하셨다. 나는 그 순간 금오 스님 앞에 무릎을 꿇었다.

"스님, 힘이 들어 더 이상 견딜 수 없습니다. 출가를 해야겠습니다."

"그래 너를 힘들게 했던 것이 무엇이더냐?"

나는 할 말을 잃었다. 무엇인가 모르게 둔중한 것으로 머리를 얻어맞은 것 같은 느낌이 들었다. 스님은 말씀을 이어 나갔다.

"맑고 깨끗한 유리창에 서면 만상萬象이 모두 깨끗하게 보일 테지만 흐리고 더러운 유리창에 앞에 서면 모든 사물이 더럽게 보인다. 선악미추善惡美醜의 기준은 어디에서 생기는가? 오직 모든 것은 마음 하나에서 만들어진다."

가슴을 울리는 말씀이었다. 어느새 어지러웠던 모든 망상이 사라지고 평온한 마음만 남았다.

"스님, 저도 부처가 될 수 있습니까?"

"이 세상 부처가 아닌 것은 하나도 없다."

그 후 나는 탄성 스님께 무명초無明草를 깎았다. 머리카락과 함께 오랫 동안 내 발목을 잡았던 모든 망상들도 모조리 땅에 떨어졌다. 그 후 나는 불가에서 많은 세월을 보냈다.

오늘 내가 출가의 이야기를 떠올리는 것은 어떤 이유가 있어서다. 요즘 출가를 하는 젊은이들은 너무 편안하게 생활하려고 하는 경향이 있다. 세상을 살아가는 동안 우리는 수없이 많은 고난과 고뇌를 만난다. 때론, 일순 좌절할 때도 있으며 극복할 때도 있다.

그렇지만 정작 중요한 것은 마음먹기에 달려 있다. 마음 한 번 제대로 먹으면 세상 못할 일이 하나도 없다. 요즘 사람들은 어려움이 조금만 닥치면 쉽게 포기하는 경향이 많다. 수행자의 길은 멀고도 험하다. 잘만 하면 한없이 좋은 길이지만 잘못하면 이중의 죄를 짓는 게 바로 스님 노릇이다. 우선 부모님과 연을 끊고 떠나니 자식도리 못하는 것이 첫째요, 신도들이 바친 지극정성의 시주를 탕진하는 것이 두 번째 죄이다. 이를 명심하고 출가의 마음을 먹어야 한다.

맑고 깨끗한 유리창에 서면 만상(萬象)이 모두 깨끗하게 보일 테지만 흐리고 더러운 유리창에 앞에 서면 모든 사물이 더럽게 보인다.

刹那生命無常法　| 찰나생명무상법 |
聚山循環有漏因　| 취산순환유루인 |
金烏出沒促年光　| 금오출몰촉년광 |
玉兎昇沈催老相　| 옥토승침최로상 |
忍受井枯魚少水　| 인수정고어소수 |
寧容象逼鼠侵藤　| 영용상핍서침등 |
覩玆脆境早修行　| 도자취경조수행 |
勤念彌陀生極樂　| 근념미타생극락 |

찰나에 생하고 멸하는 것이 무상의 법이며
모였다 흩어 졌다 하는 것은 유루가 원인이다.
금 까마귀는 떴다 졌다 연광을 재촉하고
옥토끼는 올랐다 잠겼다 하며 늙음을 재촉한다.
우물이 말라 고기가 어찌 참고 있을 것이며
코끼리가 핍박하고 쥐가 덩굴을 갉아 먹으니
취약한 경계를 일찍 깨달아 수행해야 한다.
부지런히 아미타불 염불해 극락에 왕생 하자.

방곡사의 회주는 부처님의 인과법인 '인과이야기'와 '49재 법문'으로 널리 알려진 묘허 스님이다. 지금도 법문을 듣기 위해 전국 사찰

곳곳마다 요청하고 있다. 불자들에게 알아듣기 쉽고 명쾌하게 인과 법문을 해 주시고 계시는데 교계나 불자들에게는 명名법문으로 유명하다. 묘허 스님의 수행과정도 나와 같이 만만찮다. 스님은 일본 오사카 의대 전문의 과정을 밟다가 군의관에 강제 징집돼 군복무 중 해방돼 출가한 화엄 스님에게서 득도得度하셨다. 출가 후 무려 십 년 동안 매일 오십 번씩 법당 마루를 닦는 혹독한 수행을 했다고 한다.

"당시만 해도 은사스님을 이해하지 못해 화도 치밀었지만 지금은 그 은혜에 깊이 감사 드린다."

덕분에 단양의 방곡사는 충북뿐만 아니라 전국에 이름 있는 도량으로 가꾸어 놓았다. 스님은 단 하루도 쉬지 않고 풀꽃들을 좋아해 언제나 직접 넓은 밭에 물을 주고 가꾼다. 방곡사를 창건한 것은 10년 남짓이지만 전국 제일의 기도도량으로도 널리 알려져 있다. 주련도 직접 지어 걸었다고 하신다.

'찰나생명무상법 취산순환유루인.'

이 세상에 살아 있는 모든 것은 반드시 찰나에 멸한다. 이것이 바로 불교의 무상법이다. 하지만 생사가 '있다 없다' 하는 것은 유루가 원인이다. 여기에서 루는 샐 루漏자를 뜻하는데 주상보시가 공덕으로 돌아와도 유루有漏의 복에 그치지만 무루無漏의 복인 무주상보시는 셀 수 없이 많아 사라지지 않는다. 중생들은 이 유루가 원인이 되어 항상 생사윤회를 거듭하고 있다.

이 세상에 살아 있는 모든 것은 반드시 찰나에 멸한다. 그 누구도 이러한 죽음의 한때를 결코 피하지 못한다. 그러므로 어서 자기 마음을 닦고 수행을 하라.

언제나 기도하는 마음으로 살라. 직심은 문수보살의 마음이며, 심심은 관세음보살의 마음이며, 광대심은 보현보살의 마음이다.

'금오출몰촉년광 옥토승침최로상.'

금 까마귀는 하늘의 태양을 뜻하고 옥토끼는 달이다. 즉, 태양과 달이 연광을 재촉하듯이 인간은 자신의 자성自性을 제대로 보지 못하고 스스로 죽음을 재촉한다는 뜻이다.

'인수정고어소주 영용상핍서침등'

우물의 물이 말라 고기가 살지 못하고, 코끼리가 핍박하고 쥐가 덩굴을 갉아 먹듯 인간의 생명은 생사의 굴레에서 결코 벗어나지 못한다. 그러므로 '도자취경조수행 근념미타생극락' 해야 한다는 스님의 전언傳言이다.

인간의 목숨은 살아도 살아 있는 것이 아니다. 부처님이 생로병사를 깨닫고 출가를 결심했듯이 우리들도 '고기가 물이 마르고 코끼리가 몰려오고 쥐가 생명의 덩굴을 갉아 먹고 있듯' 이 취약한 경계를 바로 알아, 일찍부터 부지런히 아미타불을 부르고 수행해 극락왕생을 하자는 깨달음의 경구經句이다. 이 속에는 그 어떤 고승의 게송 못지 않은 깊고 오묘한 진리가 숨겨져 있다. 우리의 삶은 '쥐가 덩굴을 갉아 먹듯이' 남은 생들을 야금야금 파먹고 있다. 때문에 그 누구도 이러한 죽음의 한 때를 결코 피하지 못한다. 그러므로 어서 자기 마음을 닦고 수행을 하지 않으면 안 된다.

21 · 조계산 조계사

조계산 조계사

마음으로 전하는 오직 하나는

 봄은 산사山寺에서부터 가장 먼저 온다. 어느 날 문득 아침 산문山門을 열면, 마당에 서 있는 나뭇가지에서 어느새 함박눈처럼 꽃망울이 터져 있다. 이렇듯 봄은 아무도 몰래 순식간에 온다. 절 향내와 섞여 상큼하게 빚어내는 봄 냄새는 산승山僧의 마음을 푸근하게 적시는 것 같다.

 겨울은 겨울이여야 제 맛이 난다. 지난 겨울은 혹독하게 추웠다. 팍팍한 일상 때문인지 추위 때문인지 산문을 찾는 사람들의 발길도 예전 같지 않음을 느낀다. 이 모든 게 다 경제 한파寒波 때문이리라 싶다. 어쨌든 어렵고 힘든 시절인 것만은 분명하다. 그렇다고 해서

조계사는 우리나라 불교의 얼굴이라 할 수 있다. 한국불교 전체를 아우르는 총본산이다. 따라서 조계사의 대웅전은 한국불교에서 대단한 의미를 지니는 곳이다.

마음이 가난해져서는 안 될 것이다.

우리는 부처님을 만나기 위해 늘, 절을 찾지만 부처님은 절에만 있는 게 아니라 그대 마음속에 있다. 인간의 마음은 그릇으로 따지면 쓰기에 따라 작은 종지가 될 수 있고, 때로는 저 바다와 같이 넓을 수도 있다. 마음은 인간의 중심인데 어떤 마음의 그릇을 지니고 있는가에 따라 그 인격이 결정된다고 해도 과언이 아니다.

도道를 성취하기 위해서는 사람의 마음을 동요시키는 팔풍八風에서 벗어나라는 말이 있다. 팔풍이란 이利 쇠衰 훼毁 예譽 칭稱 기譏 고苦 낙樂을 말한다. 이는 정세가 유리함이니 득의의 상태, 쇠는 실의, 훼는 중상, 예는 명예, 칭은 칭찬, 기는 비난, 고는 괴로움, 낙은 즐거움을 가리킨다. 곧 마음이 이 여덟 가지를 관觀하여 때로는 '부처'를 만들고 '악마'를 만든다. 결국 부처가 되는 길은 자신의 마음을 어떻게 쓰는가에 따라 달려 있다.

인간들은 어리석음 때문에 자꾸만 부처를 멀리서만 찾으려고 한다. 부귀나 명예, 쾌락 그런 것만을 추구하다보면 진정한 자신의 마음속을 들여다볼 수 없으며 또한 자신의 존재조차 까맣게 잊어버리는 결과를 초래한다. 이런 사람에게는 남을 위하는 이해심과 온전한 사랑을 기대할 수 없다.

옛날 마음이 지어내는 극락과 지옥에 대한 재미있는 일화가 있다. 일본의 한 젊은 무사가 선사禪師를 찾아와 불경에 있는 아름다운 극락을 보고 싶다고 말했다. 선사가 당장 무사에게 "극락과 지옥을 구경시켜 주겠다"고 하자, 무사는 얼씨구 좋아 선사를 따라나섰다. 그 순간 선사는 발길을 돌려 그 무사의 뺨을 손바닥으로 후려쳤다.

"이 바보 같은 놈아, 극락과 지옥이 어디에 있단 말이냐! 너는 그것을 믿는다는 말이냐?"

갑자기 뺨을 얻어맞은 검객은 어안이 벙벙했다. 거기다가 바보 취급을 받았으니 화가 날 수밖에 없었다. 그는 당장 선사에게 사과를 요구했다. 만약, 사과를 하지 않으면 무사의 명예를 지키기 위해 목을 베겠다고 했다.

"꼴에 무사라고 자존심을 내세우긴. 벨 테면 베어라."

무사는 정말 화가나 칼을 높이 들었다. 그 순간 벽력같은 목소리로 선사가 말했다.

"잠깐, 지금 이것이 바로 지옥이다. 그대가 분노를 다스리지 못하고 사람을 죽이려 했으니 지옥이 아니고 무엇이냐."

그 순간 무사는 칼을 땅에 떨어뜨리고 무릎을 꿇었다. 그리고 용서를 빌었다. 그 순간 선사는 "이게 극락이다"라고 말했다.

이와 같이 우리 마음속에는 부처와 악마, 극락과 지옥이 함께 들어 있다.

지금 한국불교는 매우 중요한 시점에 놓여 있다. 조선시대의 숭유

억불정책으로 인해 멸망의 기로에 서 있었을 때도 몇 몇의 위대한 선승禪僧으로 인해 그 명맥을 이어 왔으며, 일제 침략으로 인해 불교의 본질이 퇴색됐을 때도 만공 스님 이하 효봉·동산·금오 스님의 불교정화운동으로 오늘날 그 명맥을 찬란히 이어 왔다. 하지만, 80년대 군부가 저지른 법난으로 인해 한때 위기를 맞았던 적이 있다. 이러한 위기를 극복할 수 있었던 것은 '중도' 때문이다.

부처님 사상의 근원은 '중도' 이다. 이는 불교의 원천적 사상이며 불교인들이 미래에도 점진적으로 가져야 할 안목이다. 그럼, 어떻게 해야 한국불교가 부처님의 위대한 사상인 '중도'를 실천할 수 있을 것인가? 적어도 한국불교의 미래를 지향할 선승이라면, 이를 바탕으로 종교인들을 이끌어야 한다.

종교의 이념은 '화합과 사랑, 자비'가 바탕이 돼야 한다. 더 이상 반목과 투쟁이 연속돼서는 국민들로부터 사랑을 받지 못한다. 종교 생활의 궁극적 목표는 '마음 닦음'에 있다. 먼저 종교인들이 마음을 청정하게 하지 않고서는 결코 종교의 발전을 기대할 수 없으며 국민들로부터도 종교를 지킬 수 없다.

불교는 어떠한 일이 있어도 정치적인 색色을 가지고 있어도 안 되며 다만, 부처님의 법 안에서 모든 일이 이뤄져야만 한다. 이러한 부처님의 법인 '중도'와 오늘날 국민적 염원인 '통합'을 바탕으로 불교도 변하지 않으면 결코 호응을 얻을 수 없으며 불교에서의 중도실현은 곧, 불자들의 종교적 삶과 괴리된 관념과 구호로부터 벗어나 종교적 화합의 실현에 있다. 이것이 바로 부처님께서 강조하신 종교의 궁극적 목표이며 '중도'적 삶이다. 조계사는 우리나라 불교의 얼굴이라 할 수 있다. 한국불교 전체를 아우르는 총본산이다. 따라서 조계사로 들어가는 첫 관문인 일주문은 대단한 의미를 지닌다. 이곳이 근대 한국불교의 고승인 만공 스님이 주창하신 '세계일화世界一花'의 장소이기 때문이다.

以心傳心是何法　| 이심전심시하법 |
佛佛祖祖唯此傳　| 불불조조유차전 |
曹溪山上一輪月　| 조계산상일륜월 |
萬古光明長不滅　| 만고광명장불멸 |

마음이 마음으로 전하는 법이 그 무엇인가
부처님과 역대 조사가 오직 이를 전하였네.
조계산 꼭대기에 걸린 둥근 달처럼
만고에도 이 지혜광명 영원히 멸하지 않네.

• 일주문 주련 •

기와 너머 앉은 불타(佛陀)의 집이여. 부처님이 그리운 날은 나 기꺼이 그곳에 가서 부처를 만나리라.

인간이라는 것은 눈·코·귀·혀·몸·마음이라는 육근으로 이루어져 있는데 이 여섯 원숭이가 각자 제 좋은 것만 찾아 날뛰어 한시도 조용한 날이 없는 것을 번뇌라 이름한다.

'이심전심시하법 불불조조유차전'은 부처님의 삼처전심三處傳心을 뜻한다. 부처님은 일찍이 제자들에게 '세 번의 법'을 전했다. 이것은 오늘날 불교의 대표적인 선수행의 기본이 되는 간화선법의 시초라고 할 수 있다. 부처님이 세 곳에서 세 가지의 마음을 전했다는 의미이다. 첫째 '다자탑전분반좌'인데 부처님이 다자탑 앞에서 설법하고 있을 때 가섭존자가 그곳에 나타나자, 부처님은 당신이 앉으셨던 자리를 반쯤 비켜 앉고 그 자리에 가섭존자를 앉게 했다. 두 번째는 '염화시중의 미소'다. 대범천왕이 영취산에 모인 대중들을 위해 법을 청하자, 부처님은 말없이 제자들에게 받은 꽃을 들어 보였으며, 마하가섭존자만이 꽃을 들어 보인 이유를 알고 빙그레 웃게 된다. 세 번째는 '곽시쌍부'이다. 부처님의 열반을 지켜보지 못한 가섭존자가 늦게 돌아와 안타까워하자 관 속에서 부처님의 두 발이 밖으로 나와 가섭에게 자신의 마음을 전한 것을 말한다.

이것이 바로 '마음이 마음으로 전하는 법인 그 무엇인가'이다. '불불조조유차전'은 그에 대한 답이라고 할 수 있는데 '부처님이나 역대 조사가 오직 이것을 전한 법'이라 할 수 있다. 말하자면 일찍이 '마음과 마음으로 전하는 법은 부처님과 역대조사들이 전한 법'이라는 것이다.

'조계산상일륜월'은 조계산 꼭대기에 걸려 있는 둥근 달처럼 부처님의 법은 '만고광명장불명' 즉, '만년 동안 지혜광명이 영원히

조계산 꼭대기에 걸려 있는 둥근 달처럼 부처님의 법은 만년 동안 지혜광명이 영원히 멸하지 않는다.

멸하지 않는다.'이다. 부처님의 법은 영원히 멸하지 않고 지금까지도 면면히 이어지고 있다. 일주문에 새겨진 주련의 의미는 한국불교의 모든 정신을 아우르는 지혜를 가르쳐 주고 있으며, 오늘날 한국불교가 선불교 중심으로 흐르고 있음을 상징적으로 보여주는 선례라고 하겠다.

부처님이 보여 주신 '삼처전심' 법의 핵심도 이와 같다. 인간의 모든 마음은 얼굴 속에서 나타난다. 항상 남을 위하고, 남을 칭찬하고, 남에게서 고마움을 느끼고 살아갈 수 있다면 이 땅은 언제나 행복이 가득 찰 것이다. 이 또한 부처님이 전하는 이심전심의 법이 아니고 무엇이겠는가.

22 · 능가산 내소사

능가산 내소사

깨달음은 먹고 자는 데 있다

한여름 뜨거웠던 폭염이 사라지고 만추晩秋의 가을이 성큼 다가왔다. 무릇 이때가 되면 산승의 마음도 절로 하염없이 풍만해진다. 과일들은 제법 굵어졌고, 벼는 이삭이 패기 시작했다. 서실書室 한쪽에 놓아둔 난촉蘭燭이 예 없이 파랗게 돋아 있다. 이런 때는 가만히 법당에 앉아 눈을 감고 좌선해 보면, 어디선가 고요소리가 귓가에 들리는 듯하다.

  난을 치듯, 서書를 치듯 가만가만 마음을 놓아보면, 선우禪友들이 시절 없이 그립고, 금오 스님의 사자후마저 한없이 그리워진다. 결코 짧지 않은 칠십 생이 마치 주마간산처럼 지나간다. 어쩌면 그동안 내

목어(木魚). 고기는 밤낮 눈을 감지를 않으므로 수행자로 하여금 졸거나 자지 말고 늘 깨어서 꾸준히 수도에 정진하라는 뜻으로 고기 모양으로 만들었다.

가 지어놓은 천만가지의 일들이 모두 '꿈속의 일'이라는 생각이 든다. 이럴 때는 표표히 장삼자락을 떨치고 깊은 암자에 들어가 머물고 싶어진다. 귀에는 솔바람이 솔솔 불고 눈앞에는 천리강산이 아득하듯이 말이다.

저리도록 쓸쓸한 가을바람
밤 깊어가도 잠은 안 와
저 벌레는 어이 그리 슬피 울어
나의 베갯머리를 적시게 하나.

당대 최고의 선승이었던 경허 스님은 가을을 두고 이렇게 노래를 했다. 참으로 그 어떤 당대의 시인보다도 더 마음을 울리는 시구詩句이다. 그 절찬의 가을이 바로 눈앞에 와서도 왜 우울한 시대를 보내고 있는 것일까? 인생은 하나의 회고回顧이다. 돌아본 삶에는 언제나 몇 가지의 흔적들이 오롯이 남는다. 지난 여름은 우리 국민들에게 많은 아픔을 던져 주었다. 아마 두 전직 대통령이 세상을 떴기 때문이리라. 그 중에서도 김대중 대통령의 서거는 참으로 많은 이들의 가슴을 우울하게 만든다. 민주적 열망을 위해 평생을 보내고, 오늘날의 한국사회를 있게 한 장본인이 바로 그이기 때문이다.

능가산 내소사의 대웅보전 편액. 해안 선사의 발자취와 깨달음의 소리가 이 속에 가득 들어있다.

언젠가 나는 김 대통령이 연 오찬에 참석한 적이 있었다. 김 대통령은 당시 북한과의 서해 해전이 발발한 직후, 하늘이 무너지는 것 같은 아픔을 느꼈다고 했다. 그때 많은 꽃다운 병사들이 목숨을 잃었다. 그 후 김 대통령은 경제를 발전시키기 위해서는 우선, 시국이 안정되어야 한다고 생각하여 북한과의 햇빛정책을 펴기 시작했다. 이것이 최초로 남북정상회담으로 이어졌고 이후 평화공존 및 평화교류의 실현, 화해협력을 통한 북한의 변화 유도, 남북 상호이익 도모, 이산가족 상호 방문 등 남북 교류가 이어졌으며 이로 인해 김 대통령은 한국최초로 노벨상을 수상하기도 했다.

당시 나는 김 대통령께 몇 가지의 제안을 한 적이 있었는데 "오늘날 우리나라는 빈부의 격차가 매우 크고 생활이 어려운 사람이 너무 많다. 이를 해소하기 위해서 서민의 생활을 위해 몇 가지의 정책을

아득한 문을 따라 들어가면 그곳에 깨달음의 길이 있다.

퍼 달라"고 했다.

그 후 소외계층 국민들이 사회안전망의 혜택으로 누리고 있는 '국민기초생활보장제도'가 탄생하게 되었다. 1997년 IMF 외환위기로 인해 급증하는 노숙자와 극빈자들을 위해 김대중 정부시절 도입한 것으로, 한국 복지국가 건설투쟁사에 길이 남을 중요한 제도이다.

김대중 전 대통령은 퇴임 이후 '국민기초생활보장제도'를 자신의 중요한 치적으로 돌렸다. 국민적 합의에 기초한 정책추진 등 '기초생활수급대상'을 확정하고 65세 이상 노인들에게 매달 기초연금을 지급하게 되었다. 아마 오찬 이전에도 김 대통령은 국민을 위해 어떤 일을 할 것인가를 생각하다가 그날 불교계와의 만남을 통해 이 제도를 시행하기로 마음을 굳혔던 것 같다. 이 같은 비화를 아는 사람은 극히 드물다.

능가산 내소사는 제24교구본사 선운사禪雲寺의 말사이다. 633년 (백제 무왕 34) 백제의 승려 혜구두타惠丘頭陀가 창건하여 처음에는 소래사蘇來寺라고 하였다. 창건 당시에는 대소래사와 소소래사가 있었는데, 지금 남아 있는 내소사는 소소래사이다.

1633년(조선 인조 11) 청민淸旻이 대웅전大雄殿(보물 291호)을 지었는데, 그 건축양식이 매우 정교하고 환상적이어서 가히 조선 중기 사찰 건축의 대표적 작품이라 할 수 있다. 그 후 1865년(고종 2호) 관해觀海가 중수하고 만허萬虛가 보수한 뒤, 1983년 혜산慧山이 중창하여 현재의 가람을 이루었다. 이 밖에도 고려동종高麗銅鐘(보물 277호), 영산회괘불탱靈山會掛佛幀(보물 1268호), 3층석탑(전북유형문화재 124호), 설선당說禪堂과 요사(전북유형문화재 125호) 등 여러 문화재가 있으며, 정문에는 실상사지實相寺址에서 이건移建한 연래루蓮來樓가 있다.

내소사 창건에 대해 몇 가지의 유래가 떠도는데 일설一說에는 중국 당나라 장수 소정방이 와서 세웠기 때문에 '내소來蘇'라 하였다고도 하나 이는 와전된 것이며, 원래는 '소래사蘇來寺'였음이 『동국여지승람』에 기록되어 있고, 최자의 『보한집』에도 고려 인종 때 정지상이 지은 '제변산소래사'라는 시가 기록되어 있다. 또 이규보의 『남행일기』에도 '소래사'라 하였는데, 언제 '내소사'로 되었는지는 분명하지 않다.

도란 삶에 대한 일체의 집착을 놓고 '심즉불(心卽佛)' 즉 마음이 곧 부처'의 경지에 들어서는 일이다.
그러므로 깨달음은 멀고 가까운 데 있지 않고 잠자고 밥 먹는 일에 있다.

인생은 하나의 회고(回顧)이다. 돌아본 삶에는 언제나 몇 가지의 흔적들이 남는다. 그대는 행복한 삶인가, 부끄러운 삶인가.

부속암자로는 청련암青蓮庵과 지장암地藏庵이 있다. 1986년에는 대웅전을 중심으로 반경 500m 일원이 문화재보호구역(전북기념물 78호)으로 지정되었다. 일주문부터 천왕문에 걸쳐 약 600m에 이르는 전나무숲길이 유명하다. 전라북도 부안군 진서면 석포리 관음봉 아래에 있는데, 관음봉을 일명 능가산이라고도 하는 까닭에 보통 '능가산 내소사'로 부르기도 한다. 내소사 주련의 글귀는 해안선사의 오도송을 그대로 일중 김충현이 써서 옮긴 것이다. 해안선사는 전북 부안에서 태어나 이곳 내소사에서 출가해 평생 이곳에서 수행을 하시다가 열반에 드셨다.

鐸鳴鍾落又竹篦	탁명종락우죽멱
鳳飛銀山鐵壁外	봉비은산철벽외
若人問我喜消息	약인문아희소식
會僧堂裏滿鉢供	회승당리만발공

목탁 소리, 종과 죽비 소리에 놀라
봉황은 은산철벽 밖으로 날았도다.
만약 누군가가 나에게 기쁜 소식을 묻는다면
회승당 안에서 만발공양이라 하리라.

• 대웅전 주련 •

이 세상에는 영원한 것은 아무것도 없다. 난 것은 반드시 죽고, 만난 사람은 반드시 헤어진다. 이것이 삶이다. 지은 업에 따라 이 몸, 저 몸 육도(六道)를 헤매고 다니는 것이 중생의 고통이며 이것이 사바세계이다.

불문에 있어서 경經은 혈육血肉이 되고 선禪은 골수骨髓가 된다. 그러므로 선수행을 두고 '불립문자 교외별전' 이라고도 하는 것이다. 해안 선사의 발자취와 깨달음의 소리가 이 속에 가득 들어 있는데 가만 들여다보면 그 깨달음은 가히 은산철벽을 타파하고도 남음이 있는 듯하다. 해안선사는 공부를 마치자 나는 이제 대자유인이이며 천 길 낭떠러지도 영원할 것 같은 은산철벽도 모두 한낱 눈송이처럼 사라져 버렸다고 외쳤다.

기쁜 소식은 해안선사의 깨달음의 극치에 있다. 그것이야말로 수행의 본분이며 삶의 향방向方이지 않겠는가. 오도란 삶에 대한 일체의 집착을 놓고 '심즉불心卽佛 즉 마음이 곧 부처'의 경지에 들어서는 일이며 기쁜 마음으로 공양간에 앉아 공양을 드는 일이다. 참으로 깨달음이란 멀고 가까운 데 있지 않고 잠자고 밥 먹는 일에 있음을 말해 주는 주련이다.

23 · 삼각산 도선사

삼각산 도선사

참회 없이
바른 삶도
없다

 지난 4년 동안 불교 포교의 최대 이슈는 '선묵 혜자 스님과 마음으로 찾아가는 108산사순례기도회'라고 해도 과언이 아니다. 이는 한국불교 포교의 일대혁명이었다. 이 순례기도회는 108산사에서 108배와 108불공을 올려 인간이 가진 108번뇌를 소멸하여 108선행과 108공덕을 쌓아 108염주를 만들어 가는 인연공덕을 쌓아가자는 데 있다. 사찰 하나를 찾을 때 마다 이러한 행을 실천하는 일은 마치 보현普賢 행을 실천하는 일과 같다.
 이러한 시발점의 모태母胎가 된 곳이 바로 삼각산 호국참회도량 도선사이다. 2006년 9월 통도사에 첫 발을 내디딘 이래, 2,000여명으로 시작된 순례기도회는 평균 5,000여명으로 늘어나 벌써 54회를 넘기고 있으며 참가 인원만 해도 무려 연 26여 만 명에 육박하고 있다. 앞으로도 54회 하고도 5년의 긴 세월이 아직 남아 있다고 하니 가히 한국불교 포교의 신기원을 마련했다고 볼 수 있다. 비단, 순례기도회의 업적은 국내에만 국한되지 않는다. 스리랑카, 네팔에도 결연을 맺어 많은 도움을 주고 있다.

선묵 혜자 스님이 이러한 108산사순례기도회를 이끈 연유는 은사이신 청담 스님과의 무언無言의 약속 때문이다. 청담 스님이 평소 주창하신 것이 바로 한국불교 포교였다. 청담 스님은 한국불교정화운동의 최일선에 나서 오늘의 한국불교를 있게 만든 대선사이다.

평소 청담 스님의 유지를 받들었던 선묵 혜자 스님은 도선사 첫 소임을 맡은 후 7관세음 33일 기도를 봉행하던 날, 꿈속에서 도선사의 포대화상이 모셔진 자리에서 발걸음을 멈추고 환한 미소를 머금고 계신 청담 스님을 뵈었다고 한다.

그리고 2004년 7월 또 한 번의 7관세음 33일 기도를 봉행하던 중 기도 회향 당일 청담 스님 석상石像 뒤편 하늘에 '일심一心'의 형상을 띤 무지개가 나타났다고 한다. 스님에게 있어 이 형상의 의미는 다름 아닌 청담 스님과 불보살님이 자신에게 어떤 힘을 주는 것이라 생각되었다. 그 후부터 스님은 모든 일을 자신있게 추진해 나갔다. 그 가운데 시작한 것이 '108산사순례기도회'의 발족이었던 것이다.

도선사 하면 청담 스님의 공덕을 빼놓을 수가 없다. 스님의 생애는 한국불교 근세사의 한 단면을 그대로 투영하고 있다. 끊임없는 도전을 통해 한국불교의 새로운 역사를 창조한 위대한 수행자였으며 결코 산 속에서만 은거하는 소극적인 수행자가 아니었다. 세상 속에서 불타의 정견正見을 펴기를 서원한 행동하는 수행자였다. 따라서 근세의 고승들이 그들대로의 투철한 정진을 통해서 자기세계를 구축하는데 성공했다면 청담스님은 그러한 내면적 견성見性보다는 중생 속에서 자기의 원력을 성취함으로서 성불에 도달하고자 했다.

이를 볼 때 선묵 혜자 스님을 보면 '그 스승에 그 제자' 라는 말이 옳을 정도로 거침이 없고 어떤 일에도 주저하는 법이 없다. 그것이 바로 오늘날의 '108산사순례기도회' 를 회향하는 힘이라고 할 수 있다.

그럼 도선사의 유래를 살펴보자. 도선사가 있는 삼각산은 예로부터 수도로 건립된 곳이며 조선왕조 오백 년의 역사가 전개되었던 유서 깊은 곳으로 한국불교의 대표적인 호국참회기도 도량이다. 이 사찰을 최초로 창건한 개산조開山祖는 신라말엽의 도선국사이다. 그는 신라의 국운이 쇠퇴의 징조를 보이기 시작할 무렵, 흥덕왕 원년에 영암에서 태어났다.

정으로 쪼은 흔적을 찾을 수 없어 불가사의로 남아 있는 마애석불전. 서울 경기 30만 불자들이 자주 찾는 최대의 도량으로 알려져 있다.

스무 살에 혜철惠哲 대사에게 불도를 전해 듣고 오묘한 이치를 깨달았다. 23세에 천도사에서 구족계를 받고 비구가 되어 그 후 백계산에 옥룡사玉龍寺를 창건했는데 제자들이 구름처럼 모여 들었다. 이때 스님의 명성을 들은 헌강왕은 스님을 대궐로 모셔 법문을 듣곤 했다. 스님이 입적하시자 왕은 요공국사了空國師의 칭호를 내렸다.

대방중창기大方重創記에 따르면 불법과 천문, 지리의 심오한 이치를 통달한 도선국사가 명산 승지를 두루 답사 하다가 삼각산에 이르러 산세가 절묘하고 풍경이 수려한 이곳에서 천년 후 말세 불법이 재흥하리라 예견하고 사찰을 건립한 뒤 신통력으로 사찰 옆에 우뚝 서 있는 큰 바위를 반으로 잘라 그 한쪽 면에다 주장자로 새겼다.

불가사의한 것은 정으로 쪼은 흔적이 보이지 않는다는 것이다. 이곳이 바로 지금의 석불전石佛殿이다.

그 후 조선조 광무光武 7년에 황제로부터 정식으로 국가기원도량으로 지정받은 후 한국불교정화운동의 선각자인 청담 스님이 불교의 역사적 사명인 민족적인 문화과업과 불교중흥 그리고 조국통일 성취를 위하여 참회를 통한 호국을 제창하는 원력을 세웠다. 그 후 박정희 대통령의 영부인 육영수 여사와 여러 신도들의 도움으로 호국불교의 의지가 한데 모아져 세워진 것이 오늘날의 도선사이다.

한국불교정화운동의 선구자 청담스님의 동상. 조국통일 성취를 위하여 참회를 통한 호국을 제창하는 원력을 세웠다.

我昔所造諸惡業　| 아석소조제악업 |
皆由無始貪嗔痴　| 개유무시탐진치 |
從身口意之所生　| 종신구의지소생 |
一切我今皆懺悔　| 일체아금개참회 |
百劫積集罪　| 백겁적집죄 |
一念頓湯盡　| 일념돈탕진 |
如火焚枯草　| 여화분고초 |

내가 예부터 지어 온 악업은
끝없는 탐진치에서 비롯되었다
몸과 입과 뜻에 따라 지은 허물,
내가 이제 속속들이 참회 하나이다
아무리 오랫동안 쌓인 죄라도
한 생각 돌이키면 문득 사라지네.
마치 마른 풀이 불에 타듯이.

• 호국참회원 주련 •

자신이 먼 과거로부터 지은 바 여러 가지 악업들은 모두가 다 시작도 끝도 없는 과거로부터의 탐진치 때문이라는 뜻이다. 참회라는 말은 원래 불교용어이다.

　우리나라 불자들이 조석으로 외우는 『천수경』에는 '참회게'가 있다. 여기에 '십악참회'가 있다.
　몸과 입과 뜻에 따라 지은 허물, 내가 이제 속속들이 참회 하나이다. 불교는 참회의 종교라고 할 수 있다. 즉 참회란 이전의 잘못을 뉘우치고 고친다는 뜻으로 산스크리트어의 '크샤마ksama'를 음역한 참懺과 의역한 회悔로 이루어져 있다. 의미는 포살과 자자 의식을 통해 자신의 죄를 고백하고 고친다는 뜻이다.
　아무리 오랫 동안 쌓인 죄라도 한 생각 돌이키면 문득 사라지네. 마치 마른 풀이 불에 타듯이. 불교의 참회는 능동적이고 적극적이다. 능

동적이고 적극적인 참회의 내용은 『천수경』에 잘 나와 있는데 모든 악업들은 '신구의身口意' 삼업三業으로 생기며 이제 이 일체를 다 참회한다는 내용이다. 그에 따른 구체적인 실천항목이 십악참회인데 마지막으로 '옴 살바 못자 모지 사다야 사바하' 하고 진언을 외운다.

한국 불교 포교에 있어 매우 현실적이며 불교운동가였던 청담 스님이 열반하신지 25년, 오늘의 한국불교는 어떠한가. 스님의 원력은 얼마나 큰 결실을 맺고 있는가. 청담 스님의 행동하는 위대한 수행정신은 결코 사라지지 않고 선묵 혜자 스님에 의해 한국불교의 자양滋養이 되어 불교중흥의 밑거름이 되고 있다.

24 · 금오산 향천사

금오산 향천사

부단한
정진으로
복밭 가꾸라

어느 날인가. 나는 법회 중에 한 불자에게 이렇게 물었다.

"당신은 지금 어디서 왔으며, 어디에 있으며, 어디로 가고 있는가?"

자신이 자라온 환경과 지식의 정도에 따라, 여러 가지 대답을 할 수 있겠지만, 누구나 쉽게 대답하지 못한다. 아니 대답할 수도 없다. 이러한 물음은 구하기에 따라 엄청난 물음일 수도 있지만 때론 허무맹랑한 물음, 아주 쉬운 물음일 수도 있다.

요즘처럼, 먹고 살기 힘든 바쁜 세상에 이 따위의 질문을 가지고 고민하는 것 자체가 황당할 수도 있다. 대개 평범한 사람일수록 '자신이 누구이며 어디로부터 왔는가?'에 대해 솔직히 고민하지 않는다. 하지

향천사는 백제 의각 대사가 당나라에서 1,035위의 불상을 배에 싣고 오다가 종소리를 듣고 나타난 황금색 까마귀 1쌍에 의해 절터를 잡게 된 곳이다.

만 내가 불자들에게 이런 질문을 던지는 것도 다 이유가 있다.

우리의 삶은 '온 곳을 모르고 간 곳을 모른다.' 다만 분명한 것은 우리는 어떤 힘에 의해 태어났으며 그리고 늙어 병을 얻어 언젠가는 반드시 죽는다는 데에 있다. 이것이 바로 부처님이 출가해 깨달음을 얻고자 했던 원인인 '생로병사生老病死'이다.

이에 대해 티베트의 달라이 라마는 다음과 같이 인간의 탄생과 죽음에 대해 이야기를 한 적이 있다.

"인간은 고통 속에 살고 있다. 어머니의 자궁 속에 있을 때는 좁고 어두운 공간, 탁한 물속에 갇혀 고통을 받았다. 그리고 10개월이 지나면 비로소 지상 아래로 밀어내는 에너지가 생기게 되고, 그때 거대한 압착기에 눌리는 나무 조각과 같은 고통, 기름을 짜내는 참깨가 된 것 같은 고통을 받는다. 어머니의 몸밖에 나온 후에도 고통은 계속돼 부드러운 천으로 감싸주어도 마치 가시구덩이에 떨어지는 것 같은 기분이 든다. 이것이 바로 탄생의 고통이다."

달라이 라마는 이처럼 인간의 탄생을 적절하게 비유했다. 하지만 고통은 이것뿐만이 아니다. 성장하면서 더한 고통을 당한다. 마침내 탄생한 아기는 점점 자라서 등은 굽어지고 백발이 되고 이마에는 주름살이 가득한 노인이 된다. 눈은 시력을 잃어 희미하게 되고 귀는 어두워 잘 들리지 않는다. 입은 이가 빠져 음식을 제대로 씹을 수 없게 되고 몸은 기력이 없어져 걷기조차 힘들어진다. 고통은 그뿐만이 아니다.

살아가는 동안 얻는 병마病魔가 있다. 암이나 혈우병, 고혈압, 당뇨 등 이루 말할 수 없는 많은 병病 속에 인간은 갇혀 산다. 어디 그뿐인가? 마음이 지어내는 욕망으로 인해 인간은 정신적 충격에 쌓여 온전한 자기 자신을 잃고 헤맨다. 이와 같이 인간은 태어나 죽는 순간까지 고통을 당하며 살고 있다. 인간을 고통 속에서 구제하기 위해 나타나신 분이 바로 석가모니부처님이시다.

세속 사람들은 항상 자신이 처한 분수 밖의 것만을 구하고 탐하기 때문에 수없이 많은 업을 짓는다. 그러므로 지은 업을 받지 않으려면 열심히 수행하고 자신의 업을 녹일 수 있어야만 한다.

우리가 어디로부터 왔으며 지금 어디로 가야 하는가를 가르쳐 주는 것이 불교라는 말이다. 부처님이 인도 땅에 태어나 인간으로서 참으로 희유하고 어려운 깨달음을 얻으시고 난 뒤, 육도윤회의 질곡 속에서 신음하는 모든 중생을 위해 바른 법의 수레인 법륜法輪를 굴리심으로서 고통을 여의고 즐거움을 얻을 수 있는 길을 열어 보이셨다. 그리하여 인간이 가진 모든 번뇌와 슬픔, 갈애와 분노, 어리석음과 죽음, 전쟁과 공포, 굶주림과 증오의 굴레를 벗고 깨달음이라는 영원한 행복으로 들어가게 인도하셨다.

금오산 향천사는 백제의 승려 의각 대사가 당나라에서 귀국할 때 1,035위의 불상을 배에 싣고 백제 땅에 도착했으나 이들 부처님을 모실 알맞은 절을 잡지 못해 몇 달을 헤매고 있었다. 그러던 어느 날 배 안에서 치는 종소리를 듣고 나타난 황금색 까마귀 1쌍에 의해 절터를 잡게 되었다고 한다.

이후 보조국사 지눌 스님이 당나라에서 가져와 안치했던 과거와 현재, 미래를 의미하는 불상 3,053기 가운데 현재 1,516불만이 남아 있다. 극락전 안에는 조선시대의 삼존불상이 봉안되어 있다.

주불은 아미타여래좌상이며, 관음보살과 대세지보살은 협시불인데 임진왜란 당시 화재로 전소되었다가 멸운대사에 의해 중건됐다. 극락전, 나한전, 천불전과 더불어 많은 요사채를 갖추고 있다. 천불

인간은 태어나 죽는 순간까지 고통을 당하며 살고 있다. 인간을 고통 속에서 구제하기 위해 나타나신 분이 바로 석가모니 부처님이시다.

전(충남문화재자료 173호)은 정면 3칸, 측면 2칸 규모의 건물로 의각이 옥돌로 조성한 높이 15㎝ 정도의 소불小佛이 저마다 다른 모양으로 안치돼 있다. 극락전 앞에는 자연석을 가공해 만든 당간지주가 있고, 그 옆 나한전 앞에 9층석탑(충남문화재자료 174호)이 있다. 천불전 서쪽에

부도 2기(충남문화재자료 179호)가 있는데, 의각 대사 부도 1기와, 임진왜란 당시 승군을 조직해 금산전투에 참가했던 멸운대사의 부도 1기로, 의각 부도는 조각이 정교하며 신라나 고려 때 것과는 전혀 다른 작법作法을 보여준다.

四向四果早圓成 | 사향사과조원성 |
三明六通悉具足 | 삼명육통실구족 |
密承我佛受敎囑 | 밀승아불수교촉 |
住世恒爲眞福田 | 주세항위진복전 |

사향 사과를 속히 잘 이루고
삼명 육통을 모두 다 갖추었다.
부처님 가르침을 공손히 모두 받아
이 세상에 참된 복전을 만들어서 오래 살고자 하네.

• 나한전 주련 •

사향四向은 소승불교에서 수도해 깨달음을 얻어 들어가는 4가지 품계이며 수행의 가장 기초 단계인 견도향見道向, 불교의 근본 진리를 명료하게 보는 눈을 얻는 단계인 정류향頂流向, 욕계의 모든 혹을 끊는 단계인 일래향一來向, 욕계 9품의 수혹 가운데 7, 8품은 끊었지만 아직 1품이 남아 있는 단계 불환향不還向을 뜻한다. 사과四果는 소승불교의 성문들이 탐진치의 삼독을 끊고 위없는 성도에 들어가 부처가 되는 4단계 깨달음의 결과를 말한다. 삼명三明은 숙명통宿命通 천안통天眼通 누진통漏盡通 곧 과거의 업상業相과 인연을 알아내 내세의 상을 명확히 하며 현재의 고상苦相을 깨달아 번뇌를 끊어 버림을 말하고 육통은 천안통天眼, 천이통天耳通, 타심통他心通, 숙명통宿命通, 신족통神足通, 누진통漏盡通이다.

말하자면 사향 사과와 삼명육통을 다 구족하기 위해 정진하라는 경구經句이다.

이러한 부처님의 가르침을 평생 몸과 마음으로 실천하는 일이야말로 복전福田을 구하는 길이며 오래 살 수 있는 방법이다. 물론 중생들이 이를 따르기란 힘들다.

하지만 이러한 정신으로 세상을 살아간다면 필히 부처님의 시은施恩을 받게 될 것임은 틀림없다. 이것이 바로 우리 사부대중들이 평생 따라야 할 삶임을 명심해야 한다.

25 · 오대산 월정사

오대산 월정사

끝없는 중생교화 예가 끊임이 없네

얼마 전, 아이티의 대지진으로 인해 전 세계가 깊은 혼란 속에 빠져 있었다. 가까운 일본과 중국에만 해도 한 해에 끊임없이 지진이 일어나는데 비해 우리나라만큼 안정적인 산수풍광山水風光을 지닌 곳도 없는 것 같다. 이런 나라에서 태어나 타고난 사람의 수명을 제대로 누리고 있는 것도 더할 수 없는 복덕福德이다.

생명은 아이티나, 미국, 일본, 우리나라 그 어느 곳에서도 모두 귀중하다. 구호의 물결이 우리나라에서도 급격하게 일어나고 있다는 소식이 마음을 한층 가볍게 한다. 할 수만 있다면 우리 승가에서도 동참하였으면 한다.

세월은 찰나처럼 빠르게 흘러간다. 그야말로 금강석화金剛石火 같다. 사찰 속의 주련을 읽어 내려가면서 새삼 느낀 것은 우리 선대先代의 조사祖師들이 뛰어난 법구法句들을 얼마나 많이 남겼는가를 새삼 실감할 수 있었다.

주련의 내용들은 단순한 불심佛心의 시각視覺을 뛰어넘어 선문법어禪門法語의 깊은 뜻과 오묘한 진리와 운율이 담겨 있다는 것을 알 수 있었다. 어떤 때는 감히 그 깊은 뜻을 헤아리지 못할 정도로 어려웠으며 때로는 가슴을 울리는 듯한 웅장한 위용을 느끼게 해주는 시구詩句도 있었다.

비단 내용뿐만이 아니라 용이 비상飛翔하는 듯한 초서抄書와 둥글면서 납작한 예서隸書의 휘호揮毫들은 당대當代의 서예가들도 배워야 할 필체이다. 말하자면, 종횡縱橫으로 힘차고 걸림 없이 써 내려간 글귀는 불교문화의 자랑이며 유산으로 선지宣旨의 풍성하고 오묘한 운율은 아직도 귀가에 머무는 것 같다.

산승山僧이 1950년대 출가할 때만 해도 사찰 주련들은 그다지 주목을 받지 못했다. 전쟁과 빈곤의 악순환이 일어나는 때라 불교학문에 시선을 둘 여지가 없었을 뿐더러 더구나 마음의 여유조차 없었기 때문에 사찰의 주련 관리에도 많은 허점이 산재했다.

요즘, 절에서는 주련의 글귀를 매우 귀하게 여겨 도색을 하거나 심지어 도금을 하기도 한다. 그만큼 오늘날 주련은 승가나 불자들이 반드시 공부해야 할 중요한 자료로 인식되고 있다.

　어째든 산승이 주련의 재료材料를 가지고 꼬박 1년 동안 중앙일보와 현대불교에 연재를 한 까닭은 사심私心에 있었던 게 아니라 불자들에게 주련에 담긴 불가의 깊은 뜻을 조금이라도 알게 하기 위함이었음을 밝힌다. 그 와중에 고마움의 전화도 많이 받았다. 오십 해의 원고들을 모아 보니 상당한 양이 된 것 같다. 마치 한 권의 자료집이 되는 것 같아 매우 흐뭇하다. 매주보다 돌아오는 적지 않은 양의 원고들을 메우기 위해서는 단순히 주련의 내용만으로는 어림도 없다. 그래서 괜한 사설私說과 승가의 이야기 및 사회현상에 대해서도 조금이나마 마음을 피력했던 것이다.

南無大方廣佛華嚴經　| 나무대방광불화엄경 |
萬代輪王三界主　　| 만대륜왕삼계주 |
雙林示滅幾千秋　　| 쌍림시멸기천추 |
眞身舍利今猶在　　| 진신사리금유재 |
普化群生禮不休　　| 보화군생예불휴 |
南無實相妙法蓮華經　| 나무실상묘법연화경 |

대방광불화엄경에 귀의합니다.
만대 법륜의 왕이며 삼계의 주인이시며,
쌍림서 열반하신 후 천추가 흘러갔어도,
진신 사리는 여기 빛으로 자리 하고 있다.
끝없는 중생 교화 예배가 끊임 없어라!
실상묘법연화경에 귀의 합니다.

오늘의 주련 여행은 진신사리가 모셔져 있는 월정사 적광전이다. 대개 사찰의 주련은 5언이나 7언 절구絶句로 이루어져 있으나 이곳은 특이하게 7언 절구에 맨 처음과 끝이 9언으로 이루어져 있다. 처음과 끝이 부처님께 귀의하겠다는 간곡한 표현 때문인데 그 내용은 마치 한 편의 시처럼 매우 아름답고 깊이가 있다.

월정사의 창건 유래가 적혀 있는 『삼국유사』에 따르면, 643년 당唐나라에서 돌아온 자장은 오대산이 문수보살文殊菩薩이 머무는 성지라고 생각하여 지금의 절터에 초암草庵을 짓고 머물면서 문수보살의 진신眞身을 친견하고자 하였다고 한다.

민지閔漬가 쓴 『봉안사리개건사암제일조사전기奉安舍利開建寺庵第一祖師傳記』에 인용한 『대산본기臺山本記』에는 자장이 초가집을 짓고 문수보살을 친견하고자 하였으나 뜻을 이루지 못하고 태백산 정암사에서 입적하였다. 이때 자장이 머물던 곳이 바로 현재의 월정사 터이다. 이를 볼 때 이 절은 643년 자장이 건립했다고 볼 수 있다. 그 후 신의信義 선사가 암자를 건립하여 머물다가 이곳에서 입적하였다.

문수보살이 머무는 성스러운 땅으로 신앙되고 있는 이 절은 『조선왕조실록』 등 귀중한 사서史書를 보관하던 오대산 사고史庫가 있었다. 1464년 세조 10년에 말사인 상원사上院寺를 중수한다는 말을 듣고 이

월정사의 주련은 부처님께 귀의하겠다는 간곡한 마음을 담은 한 편의 시로 매우 아름답고 깊이가 있다.

를 돕고자 시주물施主物과 함께 보내 온 『오대산상원사중창권선문五臺山上院寺重創勸善文』이 보관되어 있다.

주요 문화재로는 석가의 사리를 봉안하기 위하여 건립한 8각 9층 석탑과 상원사 중창권선문이 있다. 이 밖에 일명 약왕보살상藥王菩薩像이라고도 하는 보물 제139호인 석조 보살좌상菩薩坐像이 있다. 그래서인지 주련의 내용도 『화엄경』과 『법화경』에 그 초점이 맞추어져 있다.

『대방광불화엄경』은 『화엄경』을 뜻한다. 대방광이란 '우주같이 크고 밝고 넓다'는 진리를 표현하기 위해 사용한 수식 어구로써 오득悟

세월은 찰나처럼 빠르게 흘러간다. 그야말로 금강석화(金剛石火) 같다. 간절한 소원을 돌탑으로 올린 인간의 마음도 어쩌면 부질없다.

得한 세계의 광대함을 뜻한다. 화엄이란 불타정각의 경계로써 아름답고 웅대한 도량에 수많은 꽃들이 존엄하게 장식되어 있음을 비유한 것인데 경전은 화엄과 묘유의 세계관을 비로자나 법신관이라고 한다. 이러한 삼계의 주인이시며 위대한 법륜을 굴리시는 부처님께 귀의한다는 내용이다.

'쌍림시멸기천추 진신사리금유재' 부처님은 쌍림서 열반하신 지 2,500여 년이 흘렀지만 지금도 여전히 월정사에서 진신사리로 빛나고 계신다는 구절이다. 그러므로 부처님의 법은 예나 지금이나 변함이 없다.

석가모니의 사리를 봉안하기 위하여 건립한 8각9층석탑. 웅장하면서 아름다운 모습이다.

'보화군생예불휴 나무실상묘법연화경' 『나무실상묘법연화경』은 흔히 제법諸法의 실상을 바로 깨치면 일체중생이 모두 성불할 수 있다는 내용의 대승경전으로 『법화경法華經』이라고도 불린다. 우리나라에서 가장 많이 간행되었던 경전인데 이러한 부처님의 중생교화는 그 끝이 없어 중생들의 예배는 끊임이 없다는 경구警句이다.

월정사 적광전의 주련은 위대한 부처님의 말씀인 『화엄경』과 『법화경』을 통해 모든 중생들의 귀의처歸依處를 권하고 있다.

26. 진봉산 망해사

진봉산 망해사

바다를 보고
서 있는
구름 같은 절

새해가 밝았다. 대한불교 조계종 원로의원으로서 새해를 맞이하는 의미는 남다르다. 지난해 우리 불교계는 총무원장 선거 등 안팎으로 참 많은 일을 치렀다. 지금 불교계의 미래를 위해서 필요한 것은 교육과 포교이다. 이는 얼마 전 법전 종정 예하께서 종문宗門의 양대 화두로 삼아 함께 정진하라는 교시敎示이기도 하다.

돌이켜 보면, 교육과 포교는 결코 빼 놓을 수 없는 과제이다. 불교 정화 운동의 선구자인 금오 스님이나 청담 스님 등도 중시한 것이 '도제양성과 포교' 였다.

이 중에서 교육은 부처님의 제자를 길러 내는 데 없어서는 안 될 필수 불가결한 것이며, 뛰어난 불교학자를 양성하는 데 필요하다. 포교 역시 한국불교의 미래를 위해서 매우 중요하다. 이를 실천하기 위해서는 강한 신심이 있어야만 한다.

신심은 몸과 정신이 조화를 잘 이루어져야만 생긴다. 믿음이 허약한 사람은 아주 사소한 일에도 마음이 흔들려 온전히 이 세상을 버티고 살아갈 수 없다. 비단 이는 불자들뿐만 아니라 승가(僧家)에 몸을 담은 모든 출가자들에게도 해당된다. 불교의 미래는 교육과 포교에 달려 있다고 해도 과언이 아니다.

1,600여 년의 유구한 역사를 가진 한국불교는 옛날부터 우리 백성들의 마음을 움직이게 한 민족 종교였다. 하지만, 다종교 다문화 다민족의 세계에 들어선 민족 종교라는 것이 무색하다. 이미 교육과 포교의 허점으로 인해 많은 불교인들을 잃었으며 또 잃어가고 있다. 원로의원의 한 사람으로서 안타깝기 그지없다.

그러나 오늘날 서구(西歐)는 오히려 불교신도가 늘어나고 있는 실정이며 참선과 절 수행법은 웰빙 문화를 타고 급속하게 번지고 있다. 불교가 다양한 몸짓으로 새로운 패러다임을 형성하고 있다. 하지만 희망은 없지 않다. 사찰 템플스테이에 참석하는 사람이 늘고 있으며, 3년 전 시작한 '선묵 혜자 스님의 마음으로 찾아가는 108산사순례기도회'의 힘도 결코 빼 놓을 수 없다. 이러한 것도 한국불교발전을 위

한 포교의 절대적인 성과라고 할 수 있다.

  이젠 우리 불교계도 열려 있어야 한다. 사찰에서도 스님과 신도, 큰 스님과 제자, 모든 이들이 마음을 열어 소통하고 조화를 이루어야만 하는 시대가 도래한 것이다. 이젠 불교는 더 이상 구복救福 형태의 신앙이 되어서도 안 된다. 사회의 아픔을 치유하고 다툼을 말리고, 낮은 곳과 약한 사람들을 보살피는 종교가 되어야 한다.

  지난 해 연말, 크리스마스 때 서울역에서 구세군과 선묵 혜자 스님이 선행 보시를 하는 것을 저녁 8시 뉴스를 통해 보았다. 새로운 형태의 따뜻한 종교적 화합의 장을 보는 것 같아 마음이 흐뭇하였다. 더욱이 불자들이 날마다 일백 원씩, 선행 보시금을 모아 어려운 이들을 돕고 있다. 한국을 대표하는 코미디언으로 국민의 사랑을 받아오다가 사업실패로 인해 병원비조차 제대로 못내는 등 큰 어려움을 겪고 있는 배삼룡 씨와 병신춤으로 서민들을 울리고 웃긴 공옥진 여사의 치료비에 보태었다고 한다. 이것이 바로 부처님이 말씀하시는 선행 보시가 아니고 무엇이겠는가?

  불교는 마음을 깨끗하게 하고 몸으로 선행을 베푸는 실천적인 종교이다. 이젠 절 안에서 목탁을 두드리고 염불만을 읊어서는 안 된다. 모든 대중이 진정으로 수행자의 마음으로 돌아가 스스로 자신을 닦아야 하며 또한 대중 포교를 위해 일선에 나서야 한다. 이것이 바로 불교계의 시대적 사명이다.

바다를 바라보고 서 있는 절이라는 뜻을 가진 망해사는 그 이름만큼 아름다운 곳이다.

天衾地席山爲枕 | 천금지석산위침 |
月燭雲屛海作樽 | 월촉운병해작준 |
大醉據然仍起舞 | 대취거연잉기무 |
却嫌長袖掛崑崙 | 각혐장수괘곤륜 |

하늘은 이불, 땅은 자리, 산은 베개로다
달은 촛불, 구름은 병풍, 바다는 술동이라
잔뜩 취해 한바탕 일어나 춤을 추니
긴 소매 자락 곤륜산에 걸릴까 저어 하노라

• 낙서전망 주련 •

오늘의 주련 여행은 진봉산 망해사 낙서전樂西殿'이다. 바다를 바라보고 서 있는 절이라는 뜻을 가진 망해사는 이름만큼 아름다운 곳으로써 서해에 접하여 멀리 고군산 열도를 바라보며 자리 잡고 있는데 비록 규모가 작지만 많은 사연을 안고 있다. 백제 642년(의자왕 2) 때 부설거사가 지은 것으로 알려져 있다.

그는 '중생이 아프면 나도 아프다'는 말로 유명한 인도의 유마거사維摩居士, 전 재산을 바다에 던져버리고 대바구니를 엮으며 살았던 중국의 방온거사龐蘊居士(740~808)와 함께 불교의 3대 거사로 꼽히는 인물이다. 하지만 그는 묘화라는 벙어리 소녀 때문에 끝내 출가를 하지 못했다.

묘화의 나이 20세 되던 어느 봄날 먹장삼을 입고 배낭을 멘 수도스님 세 분이 탁발 걸음으로 이 마을에 당도하여 묘화의 집에 이르렀을 때 느닷없이 내리기 시작한 소나기로 스님들은 가도 오도 못하고 머물게 되었다. 그분들이 바로 부설浮雪, 영희靈熙, 영조靈照라는 수도자들이었다. 해가 저물었으나 비는 개지 않고 계속 내려 부득이 이곳 구무원의 신세를 지기로 하고 행장을 풀었다. 그날 밤 구무원의 집에는 큰 경사가 났다. 말을 못하던 묘화가 갑자기 말을 하기 시작하였던 것이다.

"부설 스님과 소녀는 전생에도 인연이 있었고 금생에도 인연이 있

부처님은 법당과 절에만 부처님이 계신 것이 아니다. 항상 우리 마음 안에 부처님이 자리하고 있다. 망해사의 아름다운 전각이 바다를 향해 바라보고 있다.

으니 인과를 따르는 것이 바로 불법이라 하겠습니다. 소녀 삼생연분 三生緣分을 이제야 만났으니 죽기를 맹세하고 부설 스님을 남편으로 섬기겠습니다."

이 이야기를 들은 부설은 묘화를 어찌할 수가 없었다. 자신도 자작자수自作自受와 인因으로 하여금 과果가 따른 법이며 자기를 만나기 위하여 생후 20년간 말을 안했던 묘화의 간청을 차마 뿌리칠 수 없어서 결국 두 도반道伴과 작별하였다. 영희, 영조 두 스님은 오대산五臺山 문수도량文殊道場으로 공부를 하러 떠나고 부설은 스스로 거사라 자칭하고 묘화의 집에 머물러 백년해로를 했다.

슬하에 1남 1녀를 두었는데 아들은 등운登雲, 딸은 월명月明이다.

그 후 그는 서해백강西海白江변에 초려를 지으니 이곳이 바로 망해望海사이다.

서해 바다를 즐긴다는 뜻을 가지고 있는 낙서전은 1589년(선조 22)에 전라북도의 고승인 진묵 스님이 지은 것이라고 전해지고 있다. 1977년에 고쳐 지은 기록이 있고 1986년에 해체 복원을 하여 보존하고 있는 아름다운 건물이다. 정면 3칸, 측면 3칸의 주심포 형식에 맞배지붕으로 지은 'ㄱ'자형 목조기와집으로 작지만 안온한 분위기여서 그 정취를 더한다. 진묵 대사는 27세인 이곳에 와서 이 주련에 새겨진 게송을 읊고 낙서전을 지었다고 한다. 당시는 임진왜란 때였다. 그는 서산대사가 73세의 노구를 이끌고 전장에 나간 것을 두고 '권세와 명리를 좇은 권승權僧이요 명리승名利僧'이라 힐난했다고 한다. 하지만 초의선사의 『진묵대사유적고』에 따르면 정작 죽음을 앞두고서는 '나는 서산의 제자'라 했다. 이 게송을 보면 그의 자유자재한 성품이 한 눈에 보이는 듯하다. 어쩌면 이 땅의 수행자들이 한번쯤 가슴에 담고 읊어 보아야 할 게송이다.

27·설륜산 용덕사

성륜산 용덕사

항상 우리 곁에 자비를 베푸시는 부처님

　승가僧家에서의 새해 의미는 매우 각별하다. 사찰들마다 한 해를 보내고 새해를 맞이하면서 제야除夜의 타종과 신년 법어, 탑돌이 등 새 출발을 다짐하는 다양한 행사를 개최한다. 대개 사찰에서는 그믐 자정에 백팔번뇌를 없앤다는 의미에서 108번의 타종을 치는데 이는 지난 한 해를 정리하고 새해에 모든 중생들의 소망을 담는 불교의 오랜 전통이기도 하다.

　범종은 법고, 운판, 목어와 함께 사물의 하나로 육지의 모든 중생을 제도하기 위한 것으로 소리를 듣는 순간만이라도 번뇌로부터 벗어날 수 있다고 믿고 있으며 종소리를 듣고 법문法門을 듣는 사람은 오래도록 생사의 고해苦海를 넘어 불과佛果를 얻을 수 있다. 그 다음에 하는 것이 탑돌이인데 불자들이 절에 모여 밤새도록 탑을 돌며 부처님의 공덕을 기리고 저마다 소원을 비는 행사이다. 이 아름다운 전통의 유래는 긴 세월을 이어 왔다.

어쨌든 이 모든 승가의 행사들은 한 해의 모든 번뇌를 버리고 새로운 마음가짐으로 새해를 살아야한다는 깊은 의미를 담고 있다고 볼 수 있다.

누구에게나 새해를 맞이하는 감회는 남다르다. 살아온 생의 연륜에 한 살을 더한다는 의미는 과연 무엇일까? 승가에서 나이를 세는 의미는 조금 다르다. 이른바 법랍法臘이다. 이는 불가에서 속인이 출가하여 승려가 된 해부터 세는 나이를 뜻하는데 세수와 달리 깊은 의미를 담고 있다. 좌랍坐臘·계랍戒臘·하랍夏臘·법세法歲라고도 한다.

납臘이란, 본래 연말에 신에게 제사지내는 것을 뜻하여 세말歲末을 일컫는 말인데, 출가하여 수행하는 비구比丘는 세속에서 12월말을 연말로 치는 것과는 달리, 하안거夏安居 제도에 따라 음력 7월 15일을 연말로 하고, 안거를 마친 횟수대로 나이를 세게 된다. 이를 하랍이라고 한다. 또 수행승은 수행연수의 다과에 따라 상랍·중랍·하랍으로 분류하기도 하며, 특별히 법랍이 많은 이는 납만臘滿·극랍極臘·일랍一臘 등으로 부른다.

승가에서 이러한 법랍을 세는 것은 바로 나이만 먹는 '밥도둑'을 배제하기 위해서이다. 요즘에는 출가 연도부터 해를 따져 법랍을 센다. 말하자면, 수행은 하지 않고 그저 밥만 얻어먹는 승가의 밥도둑이 되어서는 안 된다는 말이다. 이렇듯 절집에서는 그 어느 것 하나라도 법도法道를 지니지 않는 게 없다. 수행자나 불자들은 이에 대한 깊은 뜻을 알아야 한다.

오늘의 주련 여행은 성륜산 용덕사이다. 이곳은 대한 불교 조계종 제2교구 본사인 용주사龍珠寺의 말사이다. 신라 문성왕 때 영거선사靈居禪師가 창건하였고, 신라 말기 도선국사道詵國師가 중창한 곳으로 알려져 있다.

석가여래삼존불과 고려시대의 작품으로 보이는 57위의 나한상을 봉안하고 있는 대웅전은 석가여래를 본존으로 모신 주불전으로 3×3간 규모로 다포식 팔작지붕으로 세워졌으며 정면 어간 양쪽의 기둥 상부에는 용을 조각하여 끼웠다. 양 측면 중앙에는 각각 지장탱과 신중탱을 모셨는데 지장탱은 중앙에 커다랗게 지장보살을 그리고 좌우에 시왕과 그 권속들을 대칭으로 배치하였다.

지장보살은 연꽃 위, 의자에 앉아있는 반가상이다. 오른손에는 보주를 들고 있으며 통견의 법의에 영락을 늘어뜨린 모습으로 원형의 광배를 지니고 있다.

신중탱은 중앙에 위태천을 크게 그리고 그 위에 대예적금강신을 그렸으며 좌우로는 대범천과 제석천을 그렸다. 전체가 좌우대칭의 구도이며, 주변으로는 신중상을 배열하였다. 또한 용덕사는 도선 국사가 조성한 삼층석탑과 철인鐵人 3위 중 2위가 남아 있는 문화재의 보고이다. 대웅전 위로 나 있는 암굴 입구에는 반가사유상의 정교한 보살좌상이 있는데 이 또한 도선 국사가 조성한 것으로 전한다.

용덕사의 이름은 용의 덕택을 보았다는 설화에서 유래하는데 용굴에 얽힌 전설은 1,200여 년 전 신라 문성왕 이래로 구전口傳되어 오고 있다. 암굴에 용이 살고 있었는데 천년을 기다린 끝에 용이 여의주를 얻게 되었다.

마침 아버지의 병을 고치고자 암굴에서 한 처녀가 기도하고 있는 모습을 지켜 본 용은 처녀의 효심에 감탄하여 여의주를 처녀에게 주어 아버지의 병을 고쳤다. 이를 설명하듯 법당에는 한 마리의 우렁찬 청룡이 적옥赤玉을 입에 물고 몸부림을 치며 하늘로 승천하는 벽화가 남아 있다.

巍巍堂堂萬法王 | 외외당당만법왕 |
三十二相百千光 | 삼십이상백천광 |
莫謂慈容難得見 | 막위자용난득견 |
不離祇園大道場 | 불리기원대도량 |

도선 국사가 조성한 삼층석탑. 단아한 그 모습 속에 담긴 세월이 용덕사의 유래를 전해주는 것 같다.

높고 높아 당당하신 만법의 왕

32상으로 백천광명을 비추고 있다

그 자비로운 모습 보기 어렵다고 말하지 말라

기원정사 떠나지 않고 항상이 대도량에 나투신다.

주련에서 상相이란 전생에 쌓은 공덕이 신체적인 특징으로 나타나는 것을 말한다. 삼십이상은 부처님이나 전륜성왕轉輪聖王이 몸에 지니고 있었다는 삼십 두 가지의 모습이다. 불상의 이마 한가운데에 박혀 있는 보석이나 상투처럼 솟은 정수리는 불상의 전형적인 특징이다. 이 중에서 이마 한가운데 있는 보석은 본래 백호白豪라는 하얀 털로 부처가 이를 통하여 세상에 빛을 비춘다고 하고, 상투처럼 솟아오른 정수리는 육계라고 부른다. 이러한 불상의 특징도 모두 삼십 두 가지에 이른다.

부처님이 이 삼십이상으로 만법의 제왕으로써 당당하게 중생들을 항상 보살피고 계신다는 뜻이다.

어리석은 중생들은 부처님의 자비로운 대광명을 기다리고 있지만 만나기 힘들다고 투덜거린다. 그러나 부처님은 옛날 기원정사에 계실 때부터 현재, 미래에도 항상 우리 곁에 항상 나투신다는 것을 알아야 한다. 부처님의 광명을 만나기 위해서는 많은 공덕을 쌓아야 하고 자비를 베풀어야만 한다. 불가에서는 부처님의 출현을 시간에 따라 과거불過去佛·당래불當來佛·현재불現在佛로 나누기도 하는데 곧 부처님이 자비慈悲의 상징임을 뜻하기 때문이다.

이와 같이 용덕사 대웅보전의 주련이 담고 있는 내용은 '외외당당한 삼십이상을 가지신 만법의 제왕인 부처님은 예나 지금이나 미래에도 항상 우리 곁에서 자비를 베풀고 있다'는 경구이다.

용덕사는 조계종 제2교구 본사인 용주사(龍珠寺)의 말사이다. 신라 문성왕 때 영거선사(靈居禪師)가 창건하였고, 신라 말기 도선국사(道詵國師)가 중창한 곳이다.

28 · 수도산 봉은사

수도산 봉은사

한국 불자들의 최대 성지

달하면 불가佛家에서는 마음에 많이 비유한다. 그런데 달을 호떡에 비유하신 분이 있다. 그가 바로 운문 선사이다. 어느 날 운문 스님은 상당법문을 마치면서 대중에게 부처와 조사의 의지를 극복하고 한 마디 일러 보라고 다그쳤다. 이 때 한 스님이 운문 스님에게 물었다.

"무엇이 부처를 초월하고 조사를 뛰어넘는 이야기 입니까?"

"호떡이니라."

이는 『벽암록碧巖錄』100칙 중 77번째 칙인 '운문의 호떡' 이라는 화두이다. 운문문언雲門文偃(864-946) 스님은 중국 당나라 때 17세에 출가하여 교학을 공부하시다가 자신의 본분사本分事를 밝히기에 부족함

부처님은 우리가 사는 이 대지라는 푸른 연좌위에 항상 달처럼 앉아 계시면서 어리석은 중생들을 보살피고 있다.

을 느끼고 선문禪門의 길에 접어드신 분이다. 그는 목주 스님을 참방하여 안목眼目이 열린 후, 당시 최고봉이라 할 수 있는 설봉의존雪峰義存(822-908) 스님 문하에 들어가 공부를 하다가 깨달음을 얻었다.

그 후 광동성 운문산에서 광태선원을 열고 선풍을 드날리며 선종 오가 중 하나인 운문종을 개창한 대선지식이다. 운문 스님이 납자들을 제접하고 남긴 법거량은 오늘날에도 많은 공부가 되고 있다. 우리나라의 조계는 중국선종의 실질적 개종조라 할 수 있는 혜능 스님이 조계산에서 법을 펴신 것에서 기원한다고 볼 수 있다.

화두는 운문 스님이 후학들과의 문답과 같이 선가의 종장宗匠들이 제자들에게 불법의 정수를 가르치며 한 법문의 말미에 나오는 질문이나 당시 유행遊行하며 제방의 선지식들을 찾아 법을 묻는 선객禪客들의 기백이나 때론 간절한 물음에 대해 답이나 행동을 주로 말한다. 또한 당대 일가一家를 이룬 눈 맑은 스승들의 게송, 그들 사이에 오고

인간은 한모금의 물이 그리운 것처럼 늘 욕망의 갈증에 시달리고 있다. 이와 같이 삶은 집착하는 순간부터 고통이 따른다. 내 안의 부처가 있음을 아는 사람은 가도 가는 것이 아니며 와도 오는 것이 아니며 생(生)과 사(死)가 둘이 아님을 알게 된다.

간 용과 호랑이가 여의주를 다투고 진검의 불꽃이 튀는 살활자재殺活自在하며 활발발活潑發한 법거량과 문답 그리고 게송에 대한 평창平唱 등이 더해져 있다.

화두는 흔히 공안公案이라고도 한다. 관청의 문서처럼 공의公議에 의해 결정된 안건이며 관결인 만큼 분명한 방향을 제시하여 깨달음의 본질을 설명하고 있다.

아무튼, 이 화두는 '참선수행자에게 부처님의 안목을 열리게 하는 문제'의 정의라고 할 수 있다. 현재 내려오는 공안 중 대표적인 것을 몇 개 들어보면 조주 선사의 '무자無字'와 '뜰 앞의 잣나무'가 있으며 남전 선사의 '평상심이 도다', 동산 스님의 "삼서근" 등이 있다.

어떤 스님이 운문 스님께 물었다.

"무엇이 부처입니까?"

"마른 똥 막대기이니라."

건시궐, 마른 똥 막대기란, 옛날에는 휴지가 없었기 때문에 대변 본 뒤에 뒤처리하는 막

대기를 말한다. '무엇이 부처냐'고 물었는데, 상식적으로 이해하기 어려운 기상천외한 대답을 운문 스님께서 한 것이다. 운문 스님의 '달은 호떡이며 부처는 똥 막대기'라는 대답은 보통의 대답이 아님을 알아야 한다. 일반적인 사고나 논리로서 이해할 수도 없으며 또한 거부할 수도 없는 일상적인 격을 벗어난 절대적인 '격외어格外語'라고 할 수 있다.

그러므로 참선을 하는 사람은 항상 마음과 몸을 평온하게 해야 하고 비워야 한다. 모든 사랑과 증오 모든 기쁨과 슬픔, 모든 욕망과 근심조차 모조리 버려야 한다. 그런 마음으로 여법하게 참구해야만 한다. 불교란 딴 것이 아니라 '마음공부'를 하는 것인데 이 몸과 마음이 무상하고 덧없음을 가르치는 것이다. 그러므로 자신을 해치는 산란심이나 안팎의 경계에 휘둘리지 말고 항상 화두를 참구하듯 살아야 한다.

서울 도심에 자리 잡은 봉은사는 서울 강남구 삼성동 수도산에 있는 절로써 한국 제일의 포교당이라 할 수 있다. 794년(원성왕 10) 연회국사緣會國師가 창건하여 견성사見性寺라고 하였다. 1498년(연산군 4)에 정현왕후貞顯王后가 선릉成宗을 위하여 중창하고 봉은사로 개칭하였으며, 1562년(명종 17) 현 위치로 옮겼다. 중종 때는 이곳에서 승과시僧科試를 치르기도 했는데 서산西山·사명泗溟 두 대사도 여기서 등과하였다고 한다.

병자호란 때 불탄 것을 숙종 때 중건하고 1825년(순조 25)에 다시 중수하였다. 하지만 1950년 한국전쟁으로 다시 대부분의 전각들이 파괴되었으며 이후에 재건하였다. 경내에는 대웅전을 비롯하여 법왕루法王樓·북극보전北極寶殿·선불당禪佛堂·천왕문天王門·일주문一柱門 등의 당우堂宇가 있으며, 추사秋史 김정희金正喜가 쓴 현판, 철종 때 승려 영기永奇가 조각한 『화엄경華嚴經』(81권) 『금강경金剛經』 『유마경維摩經』 등 불경판 13종, 3,479장이 보존되어 있다. 이밖에 보물 제321호로 지정된 고려청동루은향로高麗靑銅縷銀香爐는 동국대학 박물관에서 보존하고 있다.

靑蓮座上月如生	청련좌상월여생
三千界主釋迦尊	삼천계주석가존
紫紺宮中星若列	자감궁중성약렬
十六大阿羅漢衆	십육대아라한중

푸른 연좌 위에 달처럼 앉으신 분은

삼천계의 주인이신 석가세존

자감궁 한가운데 별들이 벌려 선듯

열여섯 큰 제자들이 모여 있구나.

• 영산전 주련 •

길은 연속된다. 부처님의 진리도 끝없이 계속된다. 하지만 인간의 생명은 유한하다. 가여워라 아직도 그대는 생사 속에서 헤매고 있느니….

부처님은 우리가 사는 이 대지라는 푸른 연좌 위에 항상 달처럼 앉아 계시면서 어리석은 중생들을 보살피고 있다. 부처님의 연호는 석가모니 · 석가문 · 능인적묵 · 석존 · 부처 · 붓다 · 여래 · 세존 등 셀 수 없이 많지만 어쩌면 저 하늘에 뜬 달도 부처님이 될 수 있다. 이렇듯 부처님은 해와 달, 바람으로 화현하신다.

삼천계는 삼천대천세계三千大千世界의 준말로써 고대 인도인이 생각한 전 우주를 가리키는데 이른바 이를 일불국토一佛國土라 하기도 한다.

자감궁은 삼천계에 있는 부처님이 거처하는 곳으로써 16아라한은 석가모니 부처님이 살아 계실 때 가장 아끼던 열여섯 명의 나한을 말한다. 빈진두로파라타 존자, 갈낙가박차 존자, 가낙가바리타사 존자 등인데 이 제자들이 별빛처럼 부처님을 호위하고 있다는 말씀이다.

봉은사의 영산전의 주련은 삼천계의 주인이신 부처님이 항상 위대한 열여섯 명의 아라한들의 보좌를 받으며 해와 달과 비추이며 항상 우리 중생들을 보살피고 있다는 내용이다.

스님, 무엇이 부처를 초월하고 조사를 뛰어 넘는 이야기 입니까? 호떡이니라.

29 · 희양산 봉암사

희양산 봉암사

한국불교 최대의 참선도량

  산사의 겨울나기는 힘들다. 더구나 전기와 가스가 들어오지 않는 암자에서의 겨울나기는 그야말로 고통스럽다. 요즘에야 사찰에도 전기와 보일러시설이 설치되어 편안하지만, 60~70년대만 하더라도 겨울을 보내는 것 자체가 하나의 고행苦行이었다.

  겨울의 초입에 들어서는 음력 10월 15일이 되면 세 달간의 동안거에 들어간다. 이를 미리 준비하기 위해 스님들은 겨우내 땔 장작을 마련해야 하고, 매 끼니 공양할 메주도 떠놓아야 한다. 이것 자체도 하나의 수행이라 할 수 있는데 당시만 해도 물자가 풍부하지 못해 매우 힘들었다. 그래서 동안거는 하안거보다 수행하기가 더욱 힘들다.

봉암사는 청룡의 승천과 봉황의 날개짓처럼 웅장한 자태를 자랑하는 곳으로서 일반인이 출입하지 못하는 동방제일 수행 도량이다.

봉암사는 한국 사찰 중에서도 빼놓을 수 없는 선불교 수행도량이다. 일제 때 왜색불교의 영향으로 인해, 해방 후에도 한국불교는 선불교의 전통성을 상실하고 있었다. 이의 회복을 위해 봉암사는 한국 근대 선원으로 부활하게 된다. 즉 '봉암사 결사'가 바로 그것이다.

1947년 성철 스님을 필두로 청담, 자운, 우봉 스님 등 네 분의 큰 스님이 "전체적으로나 개인적으로나 임시적인 이익관계를 떠나서 오직 부처님 법대로 한번 살아보자. 무엇이든 잘못된 것은 고쳐 부처님 법대로만 살아보자."는 원을 세웠다.

그 후 청담, 행곡, 월산, 종수, 보경, 법전, 성수, 혜암, 도우 등 20인이 봉암사 결사에 참여하였는데 당시 결사대중은 공주 규약을 제정하여 추상같은 법도를 세워 오늘날 수행의 근간을 세웠다. 그러나 이러한 결사정진도 1950년 한국전쟁의 소용돌이 속에서 중단되는 안타까운 현실에 처하게 된다. 그 후 1970년 초부터 다시 수좌들이 봉암사에 모여들기 시작했다. 봉암사 희양 선원은 1972년 향곡 스님을 조실로 모시고 15명의 납자가 정진했으며 1974년에 서옹 스님이 조실을 맡은 것을 제외하고는 78년까지 향곡 스님이 줄곧 조실 역할을 하면서 납자를 제접했다. 1980년경 서암 스님이 정식으로 태고선원 조실로 모셔지면서 선원은 청룡의 승천과 봉황의 날개짓처럼 웅대한 자태를 희양산 자락에 펼치게 되었다.

1982년 6월 종단은 봉암사를 조계종 특별 수도원으로 지정하여 성역화 의지를 표명하였다. 1982년 7월 문경군에서는 사찰 경내를 확정 고시하고 봉암사 지역은 특별 수도원으로 일반인의 출입을 막아 동방제일 수행 도량의 분위기를 조성하였다. 이처럼 봉암사는 한국 선불교에 있어 빼 놓을 수 없는 수행도량이라 할 수 있으며 그 맥脈을 함께 한다고 볼 수 있다.

봉암사는 신라 헌강왕 때인 879년 지증도헌 국사가 창건하였다. 당시 심충거사가 대사의 명성을 듣고 희양산 일대를 희사하여 수행도량으로 만들 것을 간청하였다. 대사는 처음에 거절하다가 이곳을

둘러보고 "산이 병풍처럼 사방에 둘러쳐져 있어 봉황의 날개가 구름을 흩는 것 같고 강물이 멀리 둘러 쌓였는데 즉 뿔 없는 용의 허리가 돌을 덮은 것과 같다."며 경탄하고 "이 땅을 얻게 된 것이 어찌 하늘이 준 것이 아니겠는가. 스님들의 거처가 되지 못하면 도적의 소굴이 될 것이다."며 대중을 이끌고 절을 지었다.

지중 대사가 봉암사를 개산하여 선풍을 크게 떨치니 이것이 신라 후기에 새로운 사상흐름을 창출한 구산선문 중 하나인 희양산문이다. 그 후 후삼국의 대립 갈등으로 절이 전화를 입어 폐허화되고 극락전만 남았을 때인 고려 태조 18년 정진대사가 중창하여 많은 고승을 배출하였다.

조선조 세종대왕 때 험허당 기화 스님이 절을 중수한 뒤 머물면서 원각경소를 저술하였고. 1674년 다시 소실된 절을 신화 스님이 중건하였으며 1703년 다시 중건하였으나 이후 크게 쇠퇴하였다. 이후 태조 18년 정진대사가 사찰의 소임을 볼 때는 이 봉암사에 3천여 대중이 머물러 동방장과 서방장으로 나누어 정진을 할 정도였다. 이러한 분위기가 계속 이어져 '태고 보우국사'를 비롯한 많은 수행자들이 이곳에서 정진하여 "동방의 출가 승도는 절을 참배하고 도를 물을 때 반드시 이곳 봉암사를 찾았다" 고 한다.

봉암사의 유적으로는 봉암사 3층 석탑이 있다. 통일신라시대의 석탑으로 단층 기단 위에 3층의 탑신부와 상부로 구성되어 있다. 탑신

부처님의 지혜의 말씀은 전생, 현생 내생 그 어디에도 미치지 않은 곳이 없으며 이 지상 어느 곳에서도 살아 숨 쉬고 있다.

부는 탑신과 옥개석의 비례와 균형이 조화되어 보기 드문 아름다움을 지녔을 뿐만 아니라, 상륜부가 원형 그대로 보존되어 한국 석탑 중에서 매우 귀중한 자리를 차지하고 있다 이 밖에 지증 대사 적조탑과 마애보살좌상이 지방문화재로 등록되어 있다.

龍吟枯木猶生喜 | 용음고목유생희 |
髑髏生光識轉幽 | 촉수생광식전유 |
磊落一聲空粉碎 | 뇌락일성공분쇄 |
月波千里放孤舟 | 월파천리방고주 |

용은 고사목이 살아있는 듯 소리를 읊고
해골에서는 그윽한 앎앎이의 빛이 생긴다.
선선한 한마디 하늘 부스러뜨리며
달그림자는 작은 배를 천리나 멀리 띄워 보내네.

• 조사당 주련 •

용음이란 용이 소리를 길게 내뿜는 것을 말하고 촉루는 해골을 뜻한다. 즉, 여기에서 용은 성스러운 부처님을 일컫는데 부처님의 위엄한 말씀을 듣고 고목의 잎과 나뭇 가지가 춤을 추고 죽은 사람들의 해골조차 광명의 지혜를 얻는다는 뜻이다. 참으로 부처님의 용음은 이렇듯 광대하고 무변하다. 뇌락은 우둔한 근기를 가진 중생을 말하기도 하는데 여기에서는 부처님의 선선하고 너그러운 말씀을 뜻한다. 부처님의 말씀은 선선하고 너그러우나 하늘을 부술 정도로 위엄이 서려 있다는 뜻이다. 또한 그 말씀은 마치 천지를 비추이는 달처럼 널리 퍼져 중생의 마음을 적신다.

이렇듯 부처님의 지혜의 말씀은 전생, 현생, 내생 그 어디에도 미치지 않은 곳이 없으며 이 지상 어느 곳에서도 살아 움직이고 있다.

30 · 치악산 구룡사

치악산 구룡사

천년 거북이
연꽃을
머금은 산사

세상 사람들은 모두가 무병장수하기를 원한다. 그런데도 불구하고 노력은커녕 무조건 오래 살기만을 바란다. 이는 마치 허공에 집을 짓는 것과 다름이 없다. 사람이 오래 살려고 한다면 반드시 그에 따른 노력을 기울여야 한다. 옛날 인도의 상가세나 스님이 쓴 『백유경』에 보면 어리석은 사람이 일층과 이층을 짓지 않고 삼층을 먼저 지으려는 이야기가 있다. 삼층이란 불법승佛法僧 삼보三寶를 이야기하는데 이 세 가지는 항상 깊은 유대 관계에 있어 하나라도 부실하면 성불을 이룰 수 없다는 교훈의 말씀이다.

우리의 건강도 이와 같다. 우리가 병 없이 건강하게 장수하려면 반

드시 그에 상응하는 대가를 지불해야 한다. 무턱대고 원한다고 해서 되는 것은 하나도 없다. 남이 건강하다고 해서 자신도 건강해진다는 보장은 없다. 자신이 배가 고프면 밥을 먹어야지 남이 밥을 먹는 것을 보는 것만으로는 자신의 배가 채워지는 것이 아니라는 말이다. 진정으로 무병장수를 원한다면 그러한 원願을 세우고 철저히 준비를 해야 한다. 그래야만 마치 그림자가 형체를 따르듯 자신에게 건강과 행복이 뒤따르게 된다.

  사람이 병으로 인해 건강을 잃고 고통을 받는 것은 잘못된 생활습관 때문이다. 이를 빨리 깨닫고 고치려고 마음을 먹는다면 그나마 다행이다. 이제는 그러한 병으로부터 얻는 고통을 없애기 위한 잘못된 생활습관을 고쳐 나가는 것이 매우 중요하다. 그럼 어떻게 하면 잃어버린 건강을 되찾을 수 있을까?

구룡사 부도. 개개인 승려들의 행적은 물론이고 다른 승려와의 관계와 사적(寺蹟), 나아가 당시의 사회 및 문화의 일단까지도 알리는 귀중한 사료(史料)가 된다.

'시작이 반'이라는 말이 있다. 무엇이던 어렵게 생각하지 말고 우선 건강과 행복을 찾기 위한 마음가짐을 단단히 해야 한다. 그러기 위해서는 불교에서 말하는 수행을 하면 된다. 스님들이 오래 건강하게 사는 것도 모두 이 때문이다.

첫째, 정정正定으로서 기도와 참선과 사경이다. 이 수련을 계속하게 되면 자신에게 굳은 신념이 형성되어 매사에 의욕을 가지게 된다. 이와 같은 열의는 마치 전등을 밝혀주는 발전소와 같다. 말하자면, 이것은 인간에게 필요한 원초적인 힘을 불러일으키게 되는 원인이 된다.

둘째는 정업正業으로서 몸에 좋은 습관을 들여 주는 데에 있다. 좋

구룡사는 풍수지리적으로 '천년이 지난 신령스러운 거북이가 연꽃을 토하고 있고, 영험한 아홉 마리의 용이 구름을 풀어 놓은 형상을 한 천하의 성지'이다.

은 습관을 몸에 가지는 것은 마치 자동차의 엔진이 일정한 속도를 유지해주면 제 기능을 원활하게 돌아가는 것과 같다. 기계도 쓰지 않으면 녹이 쓸고 고장이 나듯 우리의 몸도 일정하게 좋은 행위의 습관을 가져야만 한다. 이와 같은 생활은 몸의 정상유지는 물론, 비만을 방지해 줌으로써 자연스럽게 살이 빠지지 않을 수 없게 된다.

셋째는 정어正語로서 바른 말을 하는 것이다. 인간 세상에서 모든 의사전달과 서로 간의 행위가 언어를 통해서 이루어지고 있는 것이 사실이다. 말이란 친화력을 가지는데 말 하나를 통해서 불행했던 일상의 생활이 밝아지기도 하고 행복해지기도 하며 병약하던 몸이 건

강해진다. 이것이 곧 '말의 힘'이다.

 옛말에 가롱성진假弄成眞이라는 것이 있다. 처음에는 거짓으로 농담 삼아 하던 것이 궁극에는 그것이 진실이 된다는 말이다. 이와 같이 말은 어떤 마력과도 같은 힘을 가지고 있다. 말 그 자체는 물론이고 말을 자주 하는 그 사람의 마음에 말과 똑 같은 것이 형성되고 나아가서 남에게까지 전달이 된다.

 그리하여 내 자신을 행복하게 하고 생활을 개선하며 운명을 개선하려면 매일 두세 번 정도씩 긍정적이며 희망적이고 선하고 밝은 말로 마음을 깨끗이 해줌으로써 원하는 바가 그대로 개선된다. 그러므로 정정과 정업, 정어를 제대로 지키면 저절로 몸은 건강해지고 무병장수를 하게 된다.

達摩何事踏江來　| 달마하사답강래 |
東土山野春草綠　| 동토산야춘초록 |
世尊因何兜率來　| 세존인하도솔래 |
鹿園苑中百花香　| 녹원원중백화향 |

달마는 무슨 일로 강을 건너 왔는가.
동토의 산과 들에 봄풀은 푸르다.
세존은 무슨 일로 도솔천에서 오셨는가
녹야원 동산에는 꽃들이 향기롭네

• 대웅전 주련 •

구룡사 대웅전에 있는 치악산은 풍광風光이 무릉도원을 연상시킬 정도로 절경이다. 그래서 여행객과 등산객들이 항상 붐비는 곳으로 유명하다. 백두대간의 주맥主脈이 오대산을 거쳐 서쪽으로 태기산을 지나 극동의 명산名山으로 알려져 있다. 바로 그 산이 품고 있는 대찰大刹이 바로 구룡사龜龍寺이다. 대한불교 조계종 제 4교구의 말사로써 신라의 고승 의상 대사가 신라 문무왕 8년(668)에 세운 절로 아홉 마리의 용의 전설이 전해 내려오고 있으며 창건 이후 계속하여 도선 국사·무학 대사·서산 대사 등이 거쳐 간 영서 수찰首刹이다.

조선 중기 이후 절 입구에 있는 거북 모양의 바위 때문에 절 이름도

풍광(風光)이 무릉도원을 연상시킬 정도로 절경인 구룡사를 가면 내 마음이 즐겁다. 그곳에 부처가 있어서가 아니라 그곳에 가면 내 안의 부처가 걸어 나오기 때문이다.

'아홉 구'를 '거북 구' 자로 고쳐 썼다. 풍수 지리적으로 '천년이 지난 신령스러운 거북이가 연꽃을 토하고 있고, 영험한 아홉 마리의 용이 구름을 풀어 놓은 형상을 한 천하의 성지'가 바로 치악산 구룡사이다.

절 입구에 있는 황장금표黃腸禁標는 조선시대 이 일대에서 무단 벌목伐木을 금한다는 방으로 전국에서 역사적 자료로서 유일하게 남아 있다. 현존 당우는 대웅전, 보광루, 삼성각, 심성당, 설선당 등이 있다. 그럼 주련의 내용을 음미해 보자.

'녹야원 중백화향 동토산야춘초록: 녹야원 동산에는 꽃들이 향기롭고 동토의 산과 들에 봄풀은 푸르다.' 녹야원은 인도 북부 우타르푸라데시주의 남동쪽에 있는 바라나시 북쪽 사르나트에 있는 불교 유적을 말한다. 이곳은 선인론처·선인주처·선인녹원·선인원·선원·녹원·녹림 등 여러 가지로 불리는데 석가모니부처님이 35세에 성도成道 후 최초로 설법하여 아야다교진여阿若多憍陳如 등 5명의 비구를 제도한 곳이다. 특히 석가모니 부처님이 탄생한 룸비니, 성도한 부다가야, 입멸한 쿠시나가라와 더불어 불교의 4대 성지로 뽑힌다. 이곳에는 다메크탑을 비롯한 많은 불교 유적과 사원·박물관 등이 여러 곳에 남아 있다. 박물관에는 아소카와 석주두를 비롯하여 많은 유품들이 소장되어 있는데, 특히 네 마리의 사자상으로 된 주두는 인도미술 최고의 걸작으로 마우리아기에 속하는 가장 오래된 유물이다. 말하자면, 부처님의 설법으로 인해 녹야원의 꽃들이 향기롭고 얼어붙은 동토에 봄이 와 푸르듯이 어쩌면 구룡사가 바로 부처님이 처음 설법한 한국 불교의 녹야원인지도 모른다.

　도솔천은 불교에서 말하는 욕계欲界 6천六天 중의 제4천이다. 하지만 일반적으로 도솔천은 지족知足・묘족妙足・희족喜足, 또는 희락喜樂이 있는 곳으로 해석하기도 한다. 그 내원內院은 장차 부처가 될 보살이 사는 곳이라고 하며, 석가도 현세에 태어나기 이전에 이 도솔천에 머물며 수행했다고 한다. 그러므로 도솔천에 석가모니 부처님이 오신 것은 수행하여 중생을 구제하기 위해서이며 달마 대사가 중국으로 강을 건너온 것도 바로 중생구제 때문이다. 화엄경에 '인생난득 불법난봉人生難得 佛法難逢'이라는 말이 있다. 사람의 몸 받아 태어나기 어렵고 또한 부처님의 법 만나기 어렵다는 뜻이다. 오늘날 우리는 비록 말법시대에 살고 있으나 부처님과 달마대사를 만나 불법佛法의 기쁨을 한량없이 누리고 있다. 이러한 때에 깊이 수행하여 깨달음의 길로 당도하지 않으면 안 된다.

월서 스님의 주련이야기

깨달음이 있는 산사

펴낸날	초판 1쇄 2011년 4월 21일
지은이	월서스님
펴낸이	김성희
펴낸곳	아침단청
기획	법안
출판등록	2011년 3월 28일(제2011-15호)
주소	서울 광진구 능동 279-3 길송빌딩 7층
전화번호	02-466-1207
팩스번호	02-466-1301
e-mail	thedancheong@gmail.com

copyright ⓒ The Dancheong, 2011, Printed in Korea
이 책의 저작권은 저자와 출판사에 있습니다.
서면에 의한 저자와 출판사의 허락 없이 책의 전부 또는 일부 내용을 사용할 수 없습니다.

ISBN 978-89-966220-0-0 03200

저자와의 협의에 의해 인지는 붙이지 않습니다.
잘못 만들어진 책은 구입처나 본사에서 교환해 드립니다.